Lutz Doblies

Entspannter Kiefer - Entspannter Körper

Engis Neander und Jens Sapiens

Bibliografische Information Der Deutschen Bibliothek

Die Deutsche Bibliothek verzeichnet diese Publikation in der
Deutschen Nationalbibliografie; detaillierte bibliografische Daten sind
im Internet über <http://dnb.ddb.de> abrufbar.

Herstellung: Books on Demand GmbH, Norderstedt

ISBN 978-3-7494-5000-8

Ein ganz besonderer Dank geht
an eine wunderbare Frau,
meine Frau Sigrid.
Schön, dass es Dich gibt.

Inhalt

Inhalt

Entspannter Kiefer - Entspannter Körper

Engis Neander und Jens Sapiens

Entspannter Kiefer - Entspannter Körper

Engis Neander und Jens Sapiens

Vorwort

Wie bin ich auf die Idee gekommen, mich mit dem Kiefergelenk zu beschäftigen?

Das ist ganz einfach, denn bei der Ausbildung in die Methode Neurostrukturelle Integrationstechnik, die auf den Australier Tom Bowen basiert, hatten wir uns - die Teilnehmer - gegenseitig behandelt. Nach der Behandlung meines Kiefergelenkes stand ich von der Liege auf und hatte das Gefühl, auf Wolken zu laufen. Es war ein himmlisch leichtes Gefühl, ich konnte leicht und locker gehen, mein Rücken war flexibler und mein Gesicht viel entspannter als vor der Behandlung. So war ich sehr froh, als Heilpraktiker meinen Patienten fortan eine wunderbare Methode anbieten zu können.

Im Laufe meiner Ausbildungen traf ich auf eine weitere Methode, die sich um das Kiefergelenk dreht: R.E.S.E.T. von Philip Rafferty. Er hatte sie entwickelt, um Menschen eine einfache Möglichkeit an die Hand zu geben, um sich selber behandeln zu können. So fand ich eine weitere sehr wirksame Methode als Ergänzung zur Neurostrukturellen Integrationstechnik.

Nun ließ es mich nicht los, weiter zu forschen. Warum wirkt das Kiefergelenk auch auf andere Bereiche des Menschen? Spannend ist der Zusammenhang zwischen dem Bewegungsapparat und den inneren Organen. So kann sich die Behandlung des Kiefergelenkes zum Beispiel auf den Darm auswirken.

Entspannter Kiefer - Entspannter Körper

Engis Neander und Jens Sapiens

Der Stress, die Emotionen, die nicht abgebaut, sondern „heruntergeschluckt" bzw. verdrängt werden, werden im Körper abgespeichert. Ein Speicherplatz sind die Muskeln. So können durch die Behandlungen mit der Neurostrukturellen Integrationstechnik (NST) bzw. R.E.S.E.T. Emotionen aus ihren Verstecken hervorgeholt und auf sanfte Weise gelöst werden.

Wichtig aber ist, die Ursache der Beschwerden zu ermitteln und zu behandeln, damit die Behandlung langfristig wirkt. Ein Ansatz liefert die IRT (Injury Recall Technique nach Dr. Walter H. Schmitt). Sogenannte Verletzungsmuster können zu Störungen führen, die das Ergebnis einer Therapie beeinträchtigen können. Dabei spielt es keine Rolle, wie lange die Verletzung her ist.

Wenn eine Behandlung alleine nicht zu einer Änderung des Verhaltens, der Lebenseinstellung, der inneren Programme und Glaubenssätze führt, wenn das ursächliche Verhalten nicht geändert wird, können wieder Beschwerden auftreten bzw. können vorhandene Beschwerden nicht vollständig therapiert werden. Hier ist die Kinesiologie eine wunderbare Methode, um alte stressbehaftete Muster zu erkennen und zu wandeln.

Liegt den Beschwerden ein Erlebnis von zum Beispiel vor zwanzig Jahren zu Grunde, so lässt sich das Erlebnis selbst nicht ändern, wohl aber die emotionale Verknüpfung und das Verletzungsmuster. Das Erlebnis gehört zum Lebenslauf eines Menschen. Nur die emotionale Verknüpfung bzw. das Verletzungsmuster, immer wiederkehrendes Abtauchen in die Emotionen von damals ist nicht notwendig, kann sogar schädlich sein. Diese Verknüpfung gilt es zu lösen.

Entspannter Kiefer - Entspannter Körper

Engis Neander und Jens Sapiens

Der französische Philosoph und Naturwissenschaftler René Descartes schrieb an seinen Freund Huygens: „Wir werden die Toten dereinst wiederfinden, und zwar mit der Erinnerung an das Vergangene, denn in uns befindet sich ein intellektuelles Gedächtnis, das ganz zweifellos unabhängig von unserem Körper ist". Er stieß auf so viel Widerstand, dass er den Untertitel seines Buches von „....und die Unsterblichkeit der Seele bewiesen wird" auf „... und der Unterschied zwischen Seele und Körper bewiesen wird" ändern musste.

Heute wissen wir, dass der Mensch sehr viel mehr ist, als nur sein Körper, dass er verbunden ist, mit der Natur, den Menschen und Lebewesen, sogar mit den Steinen und den Sternen. Naturvölker leben mit diesem Wissen.

Mary Burmeister, die Schülerin von Jiro Murai, Entwickler des Jin Shin Jyutsu, verwendete in ihren Kursen statt Schmerzen und Probleme das Wort „Projekt". Es ermuntert viel mehr, an einem Projekt zu wirken und inspiriert, etwas Neues zu probieren und daran zu wachsen.

Vielleicht helfen Ihnen die Informationen aus diesem Buch, die Signale ihres Körpers zu verstehen und für ihre positive Weiterentwicklung zu nutzen.

Ich wünsche Ihnen viel Erkenntnisse und Freude beim Lesen.

Elsfleth, 2019   *Lutz Doblies*

Entspannter Kiefer - Entspannter Körper

Engis Neander und Jens Sapiens

Einleitung

Willkommen im Leben von Engis Neander und Jens Sapiens. Die beiden können uns auf anschauliche Weise helfen, etwas mehr über Stress und die resultierenden Reaktionen des Körpers zu verstehen. Was spielt sich bei Stress im Bewegungsapparat, im Nervensystem, Hormonsystem und im Immunsystem ab?

Ein Glossar über die verwendeten Fachbegriffe rundet das Buch ab. Das Buch erhebt keinen Anspruch auf Vollständigkeit.

Nun zu unseren Hauptdarstellern Engis Neander und Jens Sapiens. Sie sind fiktiv und haben ihre Namen bekommen, um die Zeitqualität zum Ausdruck zu bringen. Nun ist Engis nicht wirklich ein Neandertaler, aber er lebte viele Jahrtausende vor Jens Sapiens. Wir bedienen uns hier der Möglichkeit eines Zeitsprunges, so dass wir sowohl in die Zeit von Engis reisen können, als auch er in unsere Zeit versetzt werden kann. Dadurch ist ein Vergleich der Lebenssituationen beider wunderbarer Menschen möglich.

Engis ist übrigens der Name einer englischen Gemeinde in Wallonien, in der 1829 Überreste vorzeitlicher Menschen gefunden wurden.

Jens hätte auch jeden anderen Namen bekommen können. Er steht stellvertretend für alle Menschen, die mit ihrem bisherigen Leben nicht mehr einverstanden sind und etwas ändern möchten. Oft beginnt dieser Weg erst durch körperliche Beschwerden, eine beeindruckende Situation - wie sie auch immer aussehen mag - oder etwas, das den Alltag auf den Kopf stellt.

Entspannter Kiefer - Entspannter Körper

Engis Neander und Jens Sapiens

Hans Selye, Stress-Forscher, sagt, dass der Mensch Stress zum Leben und zum Überleben braucht. Er kann zu Höchstleistungen anspornen, aber auch, wenn er länger anhält, zu Krankheiten führen. In unserer heutigen Zeit kommen immer häufiger Überforderungen und Burnout-Syndrome vor - und das nicht nur bei Managern sondern auch schon bei Schulkindern.

Es gibt viele Möglichkeiten, aus dem Strudel des Stresses und der Wiederholungen heraus zu kommen und das eigene Leben in die Hand zu nehmen. Es braucht als ersten Schritt nur die Entscheidung getroffen werden.

Wichtig ist auch, sich bei der Veränderung nicht gleich entmutigen zu lassen, wenn etwas einmal nicht sofort funktioniert und das bisherige eingefahrene Verhalten wieder auftritt. Es ist vielleicht so wie beim Laufen lernen. Damals sind wir aufgestanden und gleich wieder auf unserem Hosenboden gelandet. Um gleich danach wieder aufzustehen. Und das so lange, bis wir gelernt hatten zu laufen. Also – nicht gleich aufgeben, sondern weiter machen. Es wird mit jedem Mal leichter und das Erreichte wird eine immer längere Zeit anhalten.

In diesem Buch werden nur einige von sehr vielen guten Möglichkeiten angerissen. Ich habe die ausgewählt, an denen ich selbst wachsen konnte.

Engis und Jens

Engis Neander und der Säbelzahntiger

Ganz früher, als es noch keine Autos, geschweige denn Computer und Internet gab, gab es schon Menschen. Sie lebten im Einklang mit der Natur, wussten, wann was zu tun war - auch ohne Uhr, Terminkalender und Smartphone. Viele Naturvölker in der Neuzeit leben noch in gleichem Einklang.

Wie sich ein Tag in einem Leben damals abspielte, können wir an der Familie Neander erkennen. Engis, der Familienvater, seine Frau und zwei kleine Kinder, eine Tochter und einen Sohn lebten in einer Höhle, die ihnen Schutz vor dem Wetter und den wilden Tieren bot. Sie hatten sich gemütlich eingerichtet und fühlten sich darin wohl.

Früh morgens, als die Sonne aufging, standen sie auf. Dazu brauchten sie keinen Wecker, denn ihre inneren Uhren funktionierten noch perfekt. Das soll nicht heißen, dass unsere heutigen inneren Uhren nicht mehr richtig ticken würden: Wir haben bloß verlernt, auf sie zu hören. Also, sie standen mit der aufgehenden Sonne auf. Engis ging vor den Höhleneingang um nach dem Rechten zu sehen. Man kann in der Wildnis nie wissen, was sich so alles in der Nacht vor dem Eingang abgespielt hatte. Er ging hinaus und suchte Feuerholz, falls nichts Ungewöhnliches passiert war.

Frau Neander stand auch auf und kümmerte sich um den Haushalt. Auch dieser entsprach nicht dem heutigen Standard: Es gab keine Waschmaschine und keine Geschirrspülmaschine. Sie räumte die Nachtlager zur Seite und bereitet das Frühstück vor. Der Vater kam zurück, brachte das Feuerholz mit und begrüßte ganz herzlich seine Familie.

Bevor sie frühstückten, gingen alle vier zum Fluss um sich zu waschen. Das ist also keine Erfindung der Neuzeit, sondern war auch schon vor sehr langer Zeit üblich. Das gemeinsame Waschen war jeden Morgen ein fröhliches Beisammensein im frischen Wasser.

Danach setzten sich alle in die Höhle an den Essplatz um die frischen Speisen zu genießen.

Nach dem Frühstück ging Engis zur Arbeit. Er sorgte für die Nahrung, das heißt, er ging auf die Jagd oder holte Obst und Gemüse. Dabei war er immer sehr aufmerksam und vorsichtig, denn es lauerten überall Gefahren außerhalb der Höhle. Es gab Schlangen, Bären und Säbelzahntiger. Aber meistens waren die Tage ruhig und er brachte jedes Mal etwas Nahrhaftes mit nach Hause.

Frau Neander kümmerte sich derweil um Haushalt und Kinder. Sie waren noch sehr klein und doch halfen sie bei manchen Dingen schon mit. Wenn der Sohn alt genug war, dann durfte er auch mit dem Vater zur Jagd gehen.

Mittags gab es dann das zu essen, was der Vater mit nach Hause brachte. Manchmal blieb etwas übrig, was dann haltbar gemacht werden musste. Hierfür war Frau Neander zuständig und Engis konnte sich am Nachmittag ausruhen. Abends, ganz besonders in der Dämmerung war erhöhte Aufmerksamkeit geboten, weil dann viele Raubtiere aktiv wurden. Dieser Abend war, wie viele andere Abende auch, sehr ruhig.

Der nächste Morgen begann wie jeder andere Tag: Engis stand mit der Sonne auf und ging zum Höhleneingang. Aber jetzt stand ein ausgewachsener Säbelzahntiger mit aufgerissenem Maul vor ihm! Er hatte fast dreißig Zentimeter lange Eckzähne und eine Schulterhöhe von über einem Meter. Ein ohrenbetäubendes Brüllen ließ das Blut in Engis Adern gefrieren. Instinktiv schützte seine Frau ihre Kinder und sie flüchteten in die hinterste Ecke der Höhle. Sie nahm eine Fackel zur Verteidigung mit.

Aber Engis konnte nicht nach hinten zu seiner Familie flüchten, denn damit hätte er den Tiger in die Höhle gelockt. Also musste er etwas anderes machen: flüchten oder kämpfen. Dabei rechnete er sich die Möglichkeiten aus, bei denen er die besten Überlebenschancen hatte. Seine Waffe, ein sehr stabiler Speer lehnte gleich neben ihm an der Wand. Innerhalb von Bruchteilen einer Sekunde entschloss er sich zu kämpfen.

Wir überspringen hier einfach einmal die Einzelheiten des Kampfes. Am Ende hatte Engis gewonnen und den Tiger erlegt. Nach dem Mammut-Stress-Programm sparte sich Engis an diesem Tage das weitere Jagen und Sammeln, denn der Tiger bot viel zum Überleben der Familie.

Nach dem gemeinsamen Bad mit der Familie und dem köstlichen Frühstück zerlegte Engis gemeinsam mit seiner Frau den Tiger. Die

Kinder halfen auch mit. Es konnte fast alles von dem Tier verwendet werden. Für das Mittag- und das Abendessen wurde ein stolzer Braten zurückgelegt. Engis reinigte das Fell, das sie für ihre Kleider und die Betten brauchen konnten. Die Knochen wurden für Waffen, Werkzeuge und Küchenutensilien verwendet.

Am Abend wurde ausgelassen der gelungene Fang gefeiert. Zufrieden und müde gingen sie zu Bett.

Auf einer Reise legten Konfuzius und seine Begleiter eine Pause ein. Ein Pferd aus dem Tross lief weg und begann, auf dem Feld eines Bauern zu grasen. Der Bauer ärgerte sich darüber und hielt das Pferd bei sich zurück. Ein Schüler von Konfuzius, ein Gelehrter auf dem Gebiet des Überzeugens, meldete sich freiwillig, um zu dem Bauern zu gehen. Er hielt vor diesem eine bewegende Ansprache. Der Bauer aber schenkte ihm keine Beachtung. Ein einfacher Mann, der seit kurzem mit auf der Reise war, bat Konfuzius: „Lass mich die Aufgabe übernehmen." Er sagte zu dem Bauern, „Du hast dein Land hier im Westen und wir haben unseres im Osten. Wenn du zu uns in den Osten kommst, wo du kein Land hast, darf dein Pferd auf unserem Land weiden. Wenn wir in den Westen kommen, wo wir kein Land haben, wo kann dann unser Pferd grasen, wenn es nicht auf dein Feld darf?" Als der Bauer das hörte, war er begeistert. Er sagte: „Klar und einfach zu reden, das ist die rechte Art und nicht so wie der Mann vorher." Das Pferd durfte zurückkehren.

Nossrat Peseschkian

Jens Sapiens und der Autofahrer

Familie Sapiens lebt in der Neuzeit. Säbelzahntiger gibt es schon lange nicht mehr, außer in den Trick- und Animationsfilmen. Im Internet kann man vieles über sie nachlesen, was die Familie aber nicht interessiert. Sie haben einen ganz anderen Tagesablauf. Vereinfacht wird ihr Leben u.a. durch Waschmaschine, Geschirrspülmaschine und Auto.

Vater Sapiens steht jeden Tag zur gleichen Zeit auf, an dem er zur Arbeit fährt. Dazu stellt er sich einen Wecker, der ihn rechtzeitig weckt, damit der Tagesablauf auch in geregelten Bahnen abläuft.

Jens steht nach dem Weckerklingeln auf, geht ins Bad, putzt sich die Zähne, rasiert sich und duscht. Nach einem schnellen Frühstück, denn er hat wenig Zeit, setzt er sich ins Auto und fährt zum Büro. In der halben Stunde hinter dem Steuer denkt er häufig schon an die Arbeit, die noch zu erledigen ist.

Am Arbeitsplatz sitzt er am Schreibtisch und hat in einem komplexen Arbeitsablauf eine Teilaufgabe zu erledigen. Er ist weder bei den ersten Schritten des gesamten Prozesses beteiligt, noch an der Übergabe an den Auftraggeber. Das würde wegen der Vielzahl der Mitarbeiter und der Komplexität der Arbeit auch gar nicht möglich sein. Manchmal bekommt er mit, dass ein Projekt vor der Ablieferung einfach eingestellt wird. Er versucht jeden Tag, sein Bestes zu geben. Aber letztendlich hat er selten das fertige Produkt zu Gesicht bekommen.

Entspannter Kiefer - Entspannter Körper

Engis Neander und Jens Sapiens

Während Jens bei der Arbeit ist, versorgt seine Frau die Kinder. Sie bereitet das Frühstück zu und bringt die Kinder danach in den Kindergarten. Sie sollen schließlich später gute Berufe erlernen, sie sollen es einmal besser haben, als ihre Eltern. So ist es gut, dass sie schon vor der Schule lesen und rechnen können. Das machen in ihrem Bekanntenkreis schließlich alle so, unabhängig davon, ob es für das Kind in dem Alter sinnvoll sein mag.

Vormittags geht Mutter Sapiens ihrer Halbtagsstelle nach. Danach kümmert sie sich um das Mittagessen für die Kinder, wie jeden Tag in der Woche von Montag bis Freitag. So geht es in den fünf Tagen der Woche. Am Wochenende haben sie mehr Zeit für sich, können sich um das Haus kümmern und den Garten. Sonntags machen sie ab und zu einen Ausflug oder fahren zu Bekannten und Verwandten. Nebenbei bemerkt: Die Familie Neander kannte keine Wochentage.

Abends gehen sie ins Bett, den Kopf voller Gedanken über ihre Arbeit, über die Berichte in den Nachrichten und über das, was in der Zeitung steht, über das, was am nächsten Tag noch zu erledigen ist. Zeitung und Nachrichten haben sich zum Pflichtprogramm entwickelt, denn schließlich muss man informiert sein.

Am nächsten Morgen, die Nacht war wie immer (fast!) erholsam, steht Jens wieder mit dem Weckerklingeln auf. Er fühlt sich unausgeschlafen, denn der Stress in der Firma wird größer. Die Verkaufszahlen sinken immer weiter. So setzt er sich hinter das Steuer seines Autos und fährt zum Büro. Wieder in Gedanken - er kennt die Strecke schon wie im Schlaf - fährt er auf eine Kreuzung zu, bei der er die Vorfahrt hat.

Aber heute nimmt ihm ein anderer Autofahrer die Vorfahrt. Jens kann in letzter Sekunde noch bremsen und einen Unfall verhindern. Mit dem Schrecken in den Gliedern fährt er weiter ins Büro, schimpft über den Autofahrer und spürt einen Druck in seiner Magengegend. Mit seinen Kollegen kann er nicht darüber sprechen, sie haben sehr wenig Zeit für den persönlichen Austausch. Er weiß, dass er diesen Tag nicht so gut meistern wird. Der Schrecken sitzt noch in seinen Gliedern und er kann sich nicht gut konzentrieren.

Lerne, diejenigen zu lieben, die dir nicht ähnlich sind, die anders erscheinen, deiner eigenen Kultur und deiner eigenen Geschichte fremd. Sie sind die anderen Spiegel deiner Selbst. Ohne sie hast du nur ein unvollständiges Bild vom Glück, hast du dich nicht wirklich mit dir Selbst versöhnt.

Drukpa Rinpoche

Abends fährt Jens nach Hause. Wie jeden Abend sitzen sie zusammen beim Essen. Jens Frau bemerkt, dass ihn etwas belastet. Sie reden darüber und bald fühlt sich Jens auch etwas besser. Aber es bleibt ein Druck in der Magengegend zurück und mit diesem Druck geht er ins Bett.

Engis und Jens schildern ihre Erlebnisse

Engis und Jens schildern ihre Erlebnisse aus ihrer Sicht, wie sie die Situation erlebt hatten und was in ihnen vor sich ging. Dazu haben wir Engis einfach in seine Zukunft, in unsere Gegenwart geholt.

Engis erzählt:

„Ich stand wie gewohnt morgens auf. Als ich zum Höhleneingang kam, stand dieser riesige Säbelzahntiger vor mir. Im Augenwinkel sah ich den Speer und griff instinktiv nach ihm. Aus der Jagd war ich gewohnt, dabei nicht zu denken. Ich fühlte in mich hinein und wusste genau, was ich wie tun musste. Hier war die Chance der Flucht für mich und meine Familie nicht gegeben, denn wir hätten an den Säbelzahntiger vorbei müssen. Also blieb mir nichts anderes übrig, als zu kämpfen. In mir war eine Leere, die sich kraftvoll anfühlte. Innerlich wusste ich, dass ich gewinnen würde. In keinem einzigen Moment war auch nur der geringste Zweifel in mir. Mir war auch klar, wo ich den Tiger treffen musste, um ihn zu erlegen. Den Tiger zu vertreiben hätte nichts genutzt, denn er wäre wieder gekommen. Nach dem Kampf sah ich das Ergebnis meines Kampfes. Der Tiger lag am Boden. Ich sah, wie viel wir von ihm nutzen konnten, um selber weiter zu leben. Sein Tod sorgte für unser Weiterleben. Der Braten schmeckte besonders köstlich, weil ich ihn durch meine eigene Hand bekommen hatte. Dieses Erlebnis hat mein Selbstbewusstsein gestärkt. Bei der Jagd ist uns auch immer bewusst, dass wir mit jedem Lebewesen verbunden sind und dass auch das Schicksal des Säbelzahntigers mit unserem Schicksal verknüpft ist. Für solche Tage sind wir am Ende immer dankbar."

Entspannter Kiefer - Entspannter Körper

Engis Neander und Jens Sapiens

Jens erzählt:

„Ich fuhr wie jeden Morgen diese Straße entlang. Ich kenne sie quasi im Schlaf. So konnte ich auch an diesem Tage mit den Gedanken abschweifen und war schon im Büro. Die Arbeit bereitete mir viel Stress, weil der Abgabetermin schon überschritten war. Allerdings hatte ich diese Arbeit auch verspätet bekommen. Aber Druck wurde trotzdem ausgeübt. Mir war bei diesem Projekt auch nicht klar, ob es überhaupt zu Ende gebracht würde.

Das kommt bei uns häufiger vor, wenn es sich im Laufe des Fortschritts der Arbeit als nicht realisierbar erweist. In dieser Kette der Mitarbeiter liege ich weiter vorne, so dass fast alle Projekte von mir bearbeitet werden müssen. Der Druck wird immer größer, weil unsere Firma jedes Jahr ein Wachstum verzeichnen muss. Selbst wenn der Gewinn der gleiche wie im Vorjahr ist, gilt das als Verlust. So etwas kann ich nicht mehr nachvollziehen.

Also an diesem Tage fuhr ich wie jeden Morgen die Straße entlang und näherte mich der Kreuzung. Irgendwie spürte ich ein leichtes Unbehagen, hatte es aber mit meiner Arbeit in Verbindung gebracht. Als der andere Autofahrer aus die Nebenstraße fuhr, reagierte ich instinktiv und bremste. Es ging noch Mal gut, aber mein Puls schnellte in die Höhe, trieb mir die Zornesröte ins Gesicht und ich schrie den Autofahrer an. Er hörte es wahrscheinlich nicht, weil die Scheiben geschlossen waren und er einfach weiter fuhr. Ich fuhr auch weiter zur Arbeit. Mein Puls und mein Blutdruck waren den ganzen Tag hoch. Meine Hände konnte ich nicht ruhig halten. Sie zitterten noch, als ich abends wieder zu Hause war. Die Arbeit ging mir an diesem Tage auch nicht von der Hand. Ich konnte mich nicht richtig konzentrieren.

Am nächsten Tag ging es mir schon besser, aber jedes Mal, wenn ich an diese Situation denke oder an der Kreuzung vorbei fahre, fangen meine Hände wieder an zu zittern und mein Herz schlägt schneller. Es fühlt sich dann einfach unangenehm an."

Engis: „Wenn ich an den Säbelzahntiger zurückdenke, dann bin ich sehr stolz, meine Familie geschützt zu haben und bin dem Tiger dankbar, dass er so vieles für unser Überleben bereit gestellt hatte."

Analyse der Situationen

Wie sind Engis und Jens mit den Situationen umgegangen? Engis Neander hatte eine bedrohliche Situation, genau so wie Jens Sapiens. Nur waren beide damit anders umgegangen!

Familie Neander hatte einen leckeren Säbelzahntigerbraten und Familie Sapiens ein Gespräch beim Abendessen.

Engis Neander stand nach seiner inneren Uhr auf, die vollkommen synchron mit dem Rhythmus des Lebens geht. Jens Sapiens dagegen wird von einer Uhr geweckt, die unabhängig von der Jahreszeit immer zur gleichen Zeit klingelt. Zwei Mal im Jahr wird diese Uhr zusätzlich um eine Stunde umgestellt. Er ist quasi von dem Fluss des Lebens getrennt. Uhren kennt Engis nicht. Er lebt im Einklang mit der Natur. Anders kann er es sich auch gar nicht vorstellen. Nun könnte Jens das gleiche machen, aber unser heutiger Tagesablauf ist mit dem vieler anderer Menschen sehr eng verknüpft. So könnte er nicht ohne Absprachen zu Hause bleiben, denn dann würde der komplexe Arbeitsablauf ins Stocken geraten und der gesamte Prozess angehalten, was wiederum Auswirkungen auf die Firma und die Auftraggeber hat.

Engis dagegen konnte es sich in den meisten Fällen auch nicht erlauben, ein paar Tage nicht zu arbeiten, das hieß zur Nahrungsbeschaffung zu gehen. Dann bekam die Familie nichts zu essen. Es sei denn, dass wieder ein Säbelzahntiger vor dem Höhleneingang stand. Außerdem musste Engis auch für den Winter vorsorgen und an die Vorräte denken.

Bei beiden läuft der gleiche körperliche Prozess ab, aber sie reagieren sehr unterschiedlich auf die Situationen. Was spielt sich in ihnen ab?

Engis und Jens kommen aus der Situation gut heraus. Engis konnte durch seinen körperlichen Einsatz seinen Stresspegel schnell wieder herunter fahren. So, wie es von der Natur vorgesehen ist. Jens hingegen lebt in der Neuzeit. Unser Arbeitsalltag ist heutzutage durch wesentlich weniger Körpereinsatz geprägt. So sitzen viele Menschen am Computer und leisten geistige Akkordarbeit und Höchstleistungen. Der Körper ist dabei nahezu bewegungslos. Unser Stresspegel, ist er einmal auf das Niveau von Jens angestiegen, bleibt für lange Zeit dort oben. Und wir dürfen uns anderer Mittel bedienen, um den Pegel wieder auf sein Normalniveau herunter zu fahren. Körperliche Aktivität lässt den Stresspegel schnell wieder auf den Normalpegel absinken: Kampf oder Flucht.

Im Körper von Jens, genau genommen in seiner Amygdala, dem Mandelkern, ist die Gefahr abgespeichert und hält den Alarmpegel oben. Erst wenn sie weiß, dass die Gefahr vorbei ist, kann der

Normalpegel wieder hergestellt werden. Die Amygdala ist ein Speicherorgan für Alarmsituationen.

Jedes Mal, wenn Jens über die Kreuzung fährt oder nur daran denkt, dann tritt die Amygdala in Aktion und signalisiert Gefahr. Sie hat noch nicht gelernt, dass die Gefahrensituation vorbei ist und nur Vorsicht ausreicht. Sein Adrenalinpegel hatte sich selbst nach mehreren Tagen noch nicht wieder normalisiert.

Engis hatte diese Gefahrenquelle ausgeschaltet und die Amygdala sagte zwar auch, dass Engis vorsichtig sein solle, aber die Alarmsituation war für ihn aufgelöst. Jens bleibt hingegen in einer Schleife stecken, die mit den weiteren unbefriedigenden Arbeitstagen noch verstärkt wird. In unserer Neuzeit wird viel nachgedacht, analysiert und aus der Vergangenheit in die Zukunft projiziert. Auch Sätze wie „Hätte ich ..." oder „Wenn ich doch..." verstärken diesen Zustand noch weiter. So wird mit diesem Programm der Stresspegel zusätzlich künstlich hoch gehalten.

Wenn Engis etwas machte, sah er sofort das Ergebnis. Wenn er auf Jagd ging, hatte er, wenn er erfolgreich war, den Braten am Abend auf dem Teller. Wenn er für das Feuerholz sorgte, dann lag der Stapel in der Höhle. Er sah seine geleistete Arbeit direkt und sofort vor Augen.

Jens dagegen sieht den Erfolg der Arbeit nicht direkt. Er sitzt am Computer und macht sein Tageswerk. Manchmal sieht er am Ende des Projektes das Ergebnis. Aber er hat sehr selten das gleiche Erfolgserlebnis wie Engis.

Entspannter Kiefer - Entspannter Körper

Engis Neander und Jens Sapiens

Der Stress sorgt dafür, dass wir sehr viel Energie zur Verfügung haben. In extremen Situationen können wir um ein Vielfaches über uns hinaus wachsen. Es werden Reserven angezapft, die für Notsituationen vorgesehen sind. Hält jetzt der Stresspegel an, so werden die Reserven langsam aufgebraucht. Sind auch sie verbraucht, bricht der Mensch zusammen. Das „Aufladen" nimmt dann eine lange Zeit in Anspruch. Wird, wie bei Engis, adäquat mit dem Stress umgegangen, so werden die Energiereserven durch das Genießen des Erfolges ganz automatisch „aufgeladen".

„Holzhacken ist deshalb so beliebt, weil man bei dieser Tätigkeit den Erfolg sofort sieht."
Albert Einstein

Die meisten Menschen suchen bei der Veränderung ihres Lebens am falschen Ort. Sie interessieren sich in erster Linie für richtiges Verhalten. Das ist wenig effektiv. Die dauerhafte Veränderung eines Menschen ist primär ein innerer Prozess.
Eine echte Veränderung der inneren Haltung. Dort wohnt »das wahre Ich« eines Menschen.
Ken Blanchard

Was spielt sich im Körper ab?

Um besser verstehen zu können, was sich im Körper abspielt, schauen wir uns ein wenig die Anatomie an.

Aber vorher machen wir noch ein paar Brain-Gym® Übungen, um uns besser konzentrieren zu können. Dr. Paul Dennison hat sie in langjähriger Arbeit entwickelt. Wer mehr über die Vielfalt und Wirkungsweise der Übungen und zu dem Werdegang von Dr. Paul Dennison wissen möchte, dem sei das Buch Brain-Gym® - Mein Weg empfohlen.

Jens macht jetzt auch die Übungen wenn er sich konzentrieren muss, etwas lesen und verstehen will.

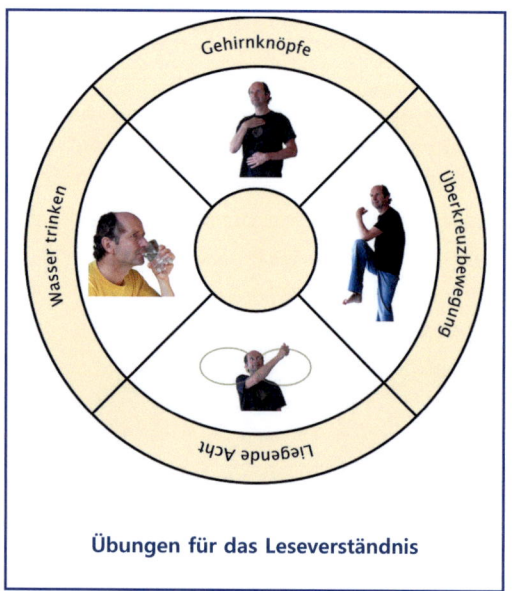

Übungen für das Leseverständnis

Die Anatomie

Wenn wir im Kampf- oder Flucht-Modus sind, ist es wichtig, den Kiefer fest zu halten. Sorgt er doch dafür, dass wir essen können. Ohne Essen würden wir nicht lange leben. Zwar könnten wir parenteral ernährt werden, aber zu früheren Zeiten war das nicht möglich, der Mensch würde verhungern. Und um das zu verhindern, wird der Kiefer besonders gut fest gehalten. Dabei ist es nicht wichtig, ob der Stress durch einen Säbelzahntiger ausgelöst wird, durch einen Autofahrer, der die Vorfahrt nimmt oder durch einen Arbeitsplatz, an dem ständiger Druck herrscht. Diese Liste kann noch um sehr vieles verlängert werden.

Also, das Wichtige an dieser Stelle ist, dass der Körper den Kiefer braucht und somit fest hält.

Wenn wir adäquat mit dem Stress umgehen, wie es zum Beispiel Engis gemacht hat, dann löst sich der festgehaltene Kiefer auch wieder. Engis ist in Aktion getreten, hat das volle Potenzial seiner Kraft genutzt und hat den Säbelzahntigerbraten als Belohnung bekommen.

Jens hat sich körperlich nicht betätigt, hat zusätzlichen Stress bei seiner Arbeit und konnte sich zu Hause nicht adäquat darum kümmern. Er hat nicht gelernt, mit Stress umzugehen. Wie mit alltäglichen Situationen und besonderen Situationen umzugehen ist, steht in der Regel nicht auf dem Lehrplan. Vielleicht bringen uns unsere Eltern das bei – wenn sie es gelernt haben. Jens hält seinen Körper durch den Stress in einem Alarmzustand. Der Tonus der Muskeln bleibt erhöht.

Die Folgen sind vielfältig: sie reichen von Müdigkeit und Verspannungen bis hin zu Burnout und Herzerkrankungen. Jeder muskuläre Hypertonus braucht Energie, die aufgebracht werden muss, zusätzlich zur Energie für das tägliche Leben und für die tägliche Arbeit.

Jens Kiefer, wie auch der von Engis, besteht aus dem Oberkiefer (Maxilla) und dem Unterkiefer (Mandibula). Die Mandibula ist mit einem Gelenk (Articulatio temporomandibularis) mit der Maxilla verbunden. Dort befindet sich auch die Gelenkscheibe (Discus articularis). Sie ermöglicht, dass der Mund weit geöffnet, seitwärts bewegt und nach vorne und hinten verschoben werden kann.

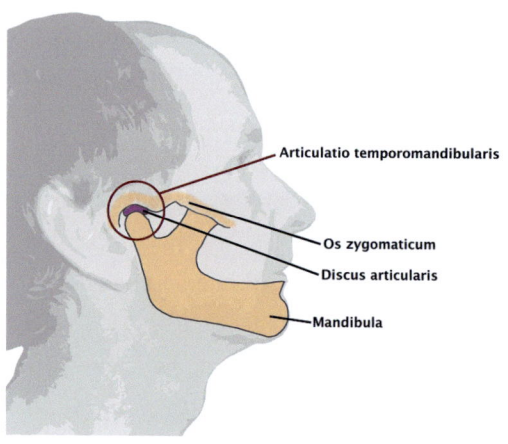

Abbildung: Kiefergelenk

Jens erklärt: „Wenn ich den Mund öffne, dann brauche ich dafür
den äußeren Flügelmuskel (Musculus pterygoideus lateralis),
den Unterkiefer-Zungenbein-Muskel (Musculus mylohyoideus),
den zweibäuchigen Muskel (Musculus digastricus) und
den Kinn-Zungenbein-Muskel (Musculus geniohyoideus).

Entspannen müssen sich auf der anderen Seite
der Schläfenmuskel (Musculus temporalis),
der Kaumuskel (Musculus masseter),
der innere Flügelmuskel (Musculus pterygoideus medialis) und
der Backenmuskel (Musculus buccinator), auch Trompetermuskel genannt"

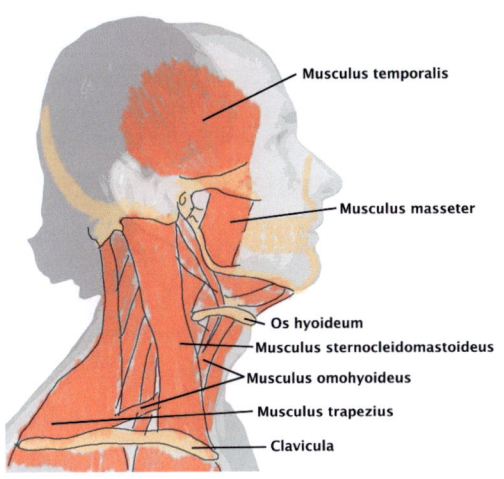

Abbildung: einige Kopf- und Halsmuskeln von der Seite

Das Schulterblatt (Scapula, Teil des Schultergürtels) wird unter anderem durch den Trapezmuskel (Musculus trapezius) bewegt. Der Trapezmuskel verbindet das Schulterblatt mit dem Schlüsselbein (Clavicula), der Halswirbelsäule (Vertebrae cervicales) und der Brustwirbelsäule (Vertebrae thoracica).

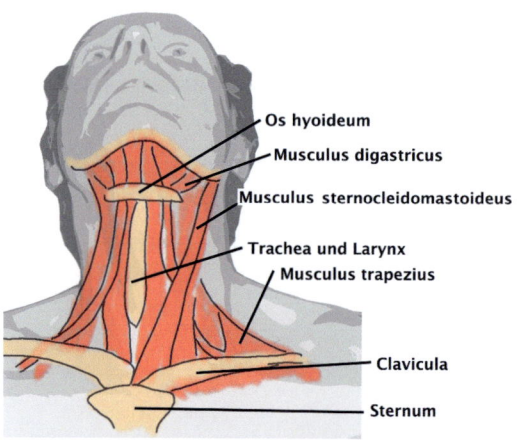

Abbildung: einige Kopf- und Halsmuskeln von vorne

Der Zweibäuchige Muskel (Musculus digastricus) verbindet den Unterkiefer (Mandibula) mit dem Zungenbein (Os hyoideum), wie auch der Unterkiefer-Zungenbein-Muskel (Musculus mylohyoideus) und der Kinn-Zungenbein-Muskel (Musculus geniohyoideus). Daran sehen wir, dass der Unterkiefer und das Zungenbein (Os hyoideum) direkt miteinander verbunden sind.

Entspannter Kiefer - Entspannter Körper

Engis Neander und Jens Sapiens

Das Zungenbein (Os hyoideum) wiederum ist mit dem Brustbein (Sternum) über den Brust-Zungenbein-Muskel (Musculus sternohyoideus), mit dem Schildknorpel (Cartilago thyroidea) über den Schildknorpel-Zungenbein-Muskel (Musculus thyrohyoideus) und mit dem Schulterblatt (Scapula) über den Schulter-Zungenbein-Muskel (Musculus omohyoideus) verbunden.

Es wurden hier nur einige Hauptmuskeln angesprochen. Der Körper hat noch viele weitere Muskeln, deren Erläuterungen an dieser Stelle zu weit führen würden. In jedem guten Anatomiebuch werden sie beschrieben.

Jens hat den Mund jetzt noch offen stehen. Zum einen sieht es nicht gut aus, wenn er dauernd mit offenem Mund herumläuft, zum anderen ist es sehr unpraktisch. Also schließt er ihn wieder.

Jens erklärt wieder: „Wenn ich den Mund schließe,

dann brauche ich dafür

den Schläfenmuskel,

den Kaumuskel und

den inneren Flügelmuskel.

Entspannen müssen sich auf der anderen Seite

der äußere Flügelmuskel,

der zweibäuchige Muskel,

der Unterkiefer-Zungenbein-Muskel und

der Kinn-Zungenbein-Muskel."

Wenn die Muskeln das so tun, wie es hier beschrieben wird, dann kann Jens sehr leicht seinen Mund öffnen und schließen.

Das Kiefergelenk ist aber noch vielseitiger: Wie oben schon angedeutet wurde, kann es nach hinten gezogen, nach vorne geschoben und zur Seite bewegt werden. Das geschieht auch mit den oben beschriebenen Muskeln, von denen teilweise nur bestimmte Abschnitte angeregt werden.

Und die Muskeln werden über Nerven angesteuert.

Innerviert werden die folgenden Muskeln durch den Nervus mandibularis:

- Kaumuskel (M. masseter),
- Schläfenmuskel (M. temporalis),
- äußerer Flügelmuskel (M. pterygoideus lateralis),
- innerer Flügelmuskel (M. pterygoideus medialis) und
- Unterkiefer-Zungenbein-Muskel (M. mylohyoideus)

den Nervus mylohyoideus und dem Nervus facialis:

- zweibäuchiger Muskel (M. digastricus)

den zwölften Hirnnerv, den Nervus hypoglossus:

- Kinn-Zungenbein-Muskel(M. geniohyoideus)

und die tiefe Halsnervenschlinge (Ansa cervicalis profunda - Plexus cervicalis):

- Brustbein-Zungenbein-Muskel (M. sternohyoideus),
- Schildknorpel-Zungenbein-Muskel (M. thyrohyoideus) und
- Schulter-Zungenbein-Muskel (M. omohyoideus)

Entspannter Kiefer - Entspannter Körper

Engis Neander und Jens Sapiens

Der Kopf wird von dem Kopfwender (Musculus sternocleidomastoideus) gewendet, d.h. dass der Kopf nach rechts und links gedreht werden kann. Er hat den Ursprung am Sternum und an der Clavicula und den Ansatz am Schläfenbein (Os temporale) und am Hinterhauptbein (Os occipitale) und wird von dem Nervus accessorius und dem Plexus cervicalis innerviert.

Auch an seiner Mimik lässt sich Jens aktueller Zustand ablesen. Der kleine Jochbeinmuskel (Musculus zygomaticus minor) und der große Jochbeinmuskel (Musculus zygomaticus major) spannen sich an.

Ist ein Muskel von Jens zu sehr angespannt, ist der Tonus zu hoch, spricht man von einem muskulären Hypertonus, ist er zu gering, von einem muskulären Hypotonus.

Das ist schon ein komplexes Zusammenspiel der verschiedenen Muskeln und Nerven. Hier kann man leicht erkennen, wenn auch nur ein kleiner Muskel in diesem Zusammenspiel zu viel bzw. zu wenig Tonus aufweist, der gesamte Kiefer schief stehen kann. In diesem Falle könnten Kieferknacken, Zähneknirschen (Bruxismus), Kopfschmerzen, Nackenprobleme, Schulterprobleme, Beschwerden in der Wirbelsäule, dem Becken, den Knien und den Füßen auftreten. Hinzu können Beschwerden der inneren Organe kommen, denn sie haben nicht mehr ihren vorgesehenen Raum zur Verfügung oder die versorgenden Nerven werden gereizt. Durch eine daraus resultierende Wirbelsäulenverkrümmung (Skoliose) und der dazugehörigen Verengung der Zwischenwirbellöcher (Foramen intervertebrale) durch die die Rückenmarksnerven (Spinalnerven) führen, treten zusätzliche Beschwerden auf. Und das vielleicht nur durch einen verspannten Unterkiefer-Zungenbein-Muskel, um nur ein Beispiel zu nennen.

Aufsteigendes Retikuläres Aktivierungssystem

Was ist das aufsteigende Retikuläre Aktivierungssystem (ARAS) und was passiert, wenn es in Aktion tritt?

Das ARAS selektiert alle auf uns prasselnden Informationen und sorgt für dessen Selektion. Die Selektion findet durch Erziehung, Glaubenssätze, Bildung und auch durch Triebe statt. So haben z.B. Glaubenssätze die „Macht", etwas zu selektieren, so dass wir dann bestimmte in uns wohnende Ressourcen nicht wahrnehmen können. Es ist ein Filter, das hauptsächlich lebenswichtige Informationen, Informationen, die neu für uns sind und welche, die uns emotional bewegen, durchlässt. Ändern wir unsere Glaubenssätze, so wird auch unsere Wahrnehmung sich ändern.

Es ist ein automatisches System, das auch Vorbereitungen trifft, damit der Mensch seine kompletten Recourcen für den Kampf oder die Flucht zur Verfügung gestellt bekommt (lebenswichtige Informationen). Das ARAS wird auch Wecksystem genannt.

Die Reaktionskette bei Engis und Jens sind die gleichen. Selbst dann, wenn der Stress als positiv bewertet wird. Aber dazu später mehr.

Der Hypothalamus reagiert auf den Stress mit der Ausschüttung von CRH (Corticotropin-Releasinghormon). Das wiederum regt die Hirnangangdrüse (Hypophyse) zur Ausschüttung von ACTH (Adrenocorticotropes Hormon) an. Daraufhin schüttet die Nebennierenrinde Glukokortikoide aus.

Am oberen Pol der Nieren befinden sich die Nebennieren (Glandula suprarenalis). Sie haben innen das Nebennierenmark (adrenal medulla) und darum die Nebennierenrinde (adrenal cortex). Sie produzieren Katecholamine, Kortikoide und Sexualhormone.

Über den Sympathikus wird das Nebennierenmark zur Ausschüttung von Adrenalin und Noradrenalin angeregt.

Die wichtigsten Katecholamine des Nebennierenmarkes sind
- Adrenalin,
- Noradrenalin und
- Dopamin.

Die Nebennierenrinde produziert Kortikoide wie
- Aldosteron,
- Cortisol und
- Androgene (Sexualhormone).

Die Glukokortikoide, dazu zählt das Cortisol, sorgen für einen erhöhten Spiegel von Glukose (Blutzucker) im Blut. Es hat zusätzlich eine dämpfende Wirkung auf das Immunsystem und Entzündungen werden eingedämmt. Für den Menschen und Tiere ist es lebensnotwendig und in wichtiges Stresshormon.

Das Adrenalin hat Auswirkungen auf das Herz-Kreislaufsystem: Die Pulsfrequenz, der systolische Blutdruck und das Herzminutenvolumen steigen. Für den höheren Bedarf an Sauerstoff wird die Atmung gesteigert, die Bronchiolen erweitern sich. Die Schließmuskeln der Harnblase und des Darmes kontrahieren. Es werden weitere

Energiereserven mobilisiert, so zum Beispiel durch Fettabbau. Das Adrenalin ist außerdem an der Blutgerinnung aber auch an Thrombosen und Embolien beteiligt.

Das Noradrenalin sorgt bei den Blutgefäßen für eine Engstellung (Vasokonstriktor), der Blutdruck steigt und die Pulsfrequenz sinkt. Im Zentralen Nervensystem (ZNS) sorgt es als Neurotransmitter für den Weitertransport der Informationen zwischen den Nervenzellen, indem es sich zwischen die Synapsen setzt.

Das sympathische Nervensystem erhöht den Sympathikotonus. Es ist Teil des vegetativen (autonomes) Nervensystems, das weitgehend biologisch festgelegte Abläufe ausführt, die wir willentlich bestenfalls indirekt steuern können. Die Skelettmuskeln werden stärker durchblutet und spannen sich an.

Das Dopamin, ein weiterer wichtiger Neurotransmitter, das auch umgangssprachlich als Glückshormon bezeichnet wird, sorgt für eine zuversichtliche Stimmung und für weiteren Energieschub.

Für den Kampf oder die Flucht ist nun alles vorbereitet:
- die Herztätigkeit und der Blutdruck steigt,
- die Muskulatur des Bewegungsapparates wird stärker durchblutet, wodurch
- die Kraft und Ausdauer der Muskeln ansteigt,
- die Lungenfunktion wird gesteigert,
- die Pupillen erweitern sich - es kann mehr aber dafür unschärfer gesehen werden und
- die Durchblutung der oberen Hautschichten wird verringert und

- die Verdauung brauchen wir jetzt auch nicht.

Um auf wiederkehrenden Gefahren besser und schneller reagieren zu können, merken wir uns diese Gefahrensituation, entweder die mit dem Säbelzahntiger oder die mit dem Autofahrer. Dafür ist die Amygdala (Mandelkern, Corpus amygdaloideum) zuständig. Sie befindet sich im Gehirn, ist paarig vorhanden und gehört zum limbischen System. Sie ist im Wesentlichen an der Entstehung der Angst, bei der emotionalen Beurteilung und dem Wiedererkennen von Situationen beteiligt.

Bei Gefahr, bei Stress verringert sich die Lernbereitschaft bzw. Lernfähigkeit erheblich.

Zusätzlich beeinflusst die Amygdala das Lernen: Wenn wir Angst verspüren, verschließt sie den Zugang zum Lernzentrum, dem Hippocampus (Seepferdchen, Teil des Limbischen Systems). Denn wenn wir Gefahr verspüren, geht es in erster Linie um das Überleben und nicht um das Lernen neuer Erkenntnisse, mathematischer Formeln oder Gedichte. Eine

Angst

➔ **Bringt uns dazu, bei Gefahr zu fliehen, in Sicherheit zu bringen, sichert unser Überleben**

➔ **Überschattet unser tägliches Leben aus Täuschungen erworbener Muster und Bilder: erstarrend, einengend, krankmachend**

permanente Angst oder ein permanenter Druck verringern die Lernfähigkeit erheblich.

Also, lassen wir uns von der Angst lähmen oder ergreifen wir die Chance beim Schopf und nutzen seine Energie?

Wenn die Gefahr vorüber ist, fährt der Parasympathikus, das Gegenstück zum Sympathikus, das gesamte System wieder zurück. Wir werden ruhiger und die Verdauung kann wieder normal funktionieren. Die Tränendrüsen nehmen ihre normale Funktion auf, die Pupillen verengen sich, die Bronchiolen ziehen sich zusammen, der Blutdruck sinkt und wir können wieder lernen und zur Toilette gehen. Adrenalin, Noradrenalin, Dopamin und Cortisol werden auf das normale Maß zurück gefahren.

Der Parasympathikus zählt, wie das Sympathische Nervensystem und das Enterische Nervensystem (ENS, das Nervensystem des Magen-Darm-Trakts), zum vegetativen Nervensystem, das autonom Vorgänge im Körper steuert.

Anders ist es bei Jens. Der Stress der Neuzeit bedroht weniger direkt unser Leben, der Körper reagiert aber genau so, wie zu Engis Zeiten. Im Gegensatz zu Engis wird meistens nicht mit starker körperlicher Anstrengung reagiert um z.B. die Hormone abzubauen. Sie kreisen lange im Körper und halten das System auf Anspannung.

Manche Menschen versuchen, sich über Kaffee, Zigaretten, Alkohol oder Drogen zu beruhigen. Das funktioniert nur scheinbar: Der Stresspegel bleibt erhalten, nur die subjektive Bewertung fällt anders aus. So steigert das Koffein die Leistungsfähigkeit, die Konzentration und die Kreativität. Aber es holt sich die Energiereserven des Körpers, die für Notfälle vorgesehen sind und sorgt nicht für neue und frische Energie. Auch die Leistungssteigerung durch Zucker ist sehr kurzfristig. Durch die dadurch erhöhte Freisetzung von Insulin sinkt der Blutzuckerspiegel stark unter dem Normalpegel: Heißhunger und Erschöpfung treten auf.

Wie sieht es mit den Muskeln aus?

Als Beispiel sehen wir uns zunächst das schematische Bild der Halswirbelsäule an, bei der die Muskeln ausgeglichen sind. Nicht dargestellt sind die Zwischenwirbelscheiben (Disci intervertebralis). Der

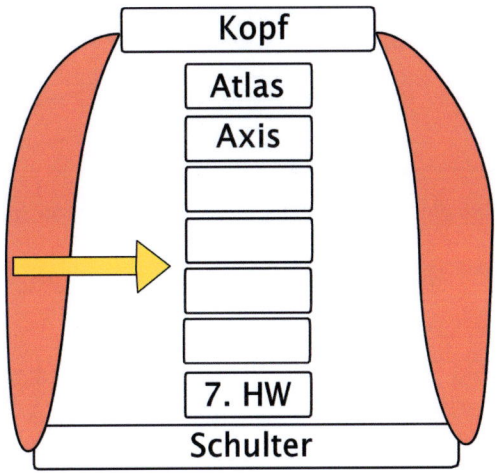

Abbildung: Ausgeglichene Muskeln
Schematische Darstellung der Halswirbelsäule.

erste Halswirbel (Atlas) und der zweite Halswirbel (Axis) sind im

Unterschied zu den anderen Wirbeln durch einen Zapfen (Dens axis) miteinander verbunden.

Die Zwischenwirbellöcher (Foramen intervertebrale, gelber Pfeil) sind bei ausgeglichener Muskulatur (rot) optimal ausgerichtet.

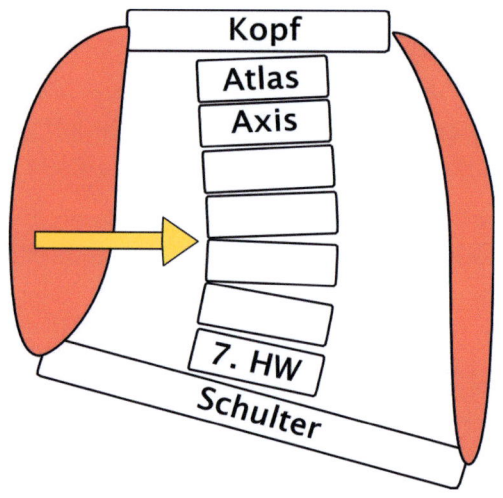

Abbildung: hypertoner (links) bzw. hypotoner (rechts) Muskel

Schematische Darstellung der Halswirbelsäule.

Bei diesem Bild kann deutlich gesehen werden, dass sich die Wirbelsäule bei Verspannungen verkrümmt und es sich z.B. eine Skoliose einstellen kann. Der Abstand zwischen den Wirbelkörpern (Foramen intervertebrale) ist deutlich kleiner (gelber Pfeil) und kann so zu Beschwerden führen. Die Wirbel können sich im Extremfall berühren bzw. die Nerven werden an diesen Stellen gedrückt bzw. gequetscht. Denn, wenn ein Nerv auf dem Weg zum versorgten

Körperteil gereizt oder verletzt wird, wird das Gehirn dieses Signal diesem Körperteil zuordnen und es entsprechend signalisieren.

Es lässt sich an diesem Schema nicht erkennen, ob der Muskel links im Bild verspannt ist, das heißt einen muskulären Hypertonus oder der Muskel rechts im Bild einen zu geringen Tonus, also einen muskulären Hypotonus aufweist. Der Tonus gibt den Grad der Anspannung an. Beides wirkt sich identisch auf die Wirbelsäule aus. Ein erfahrener Therapeut wird dies leicht feststellen können.

Jedes Zeitalter hat seine eigenen Probleme, jede Seele ihre besondere Sehnsucht. Das Heilmittel, das die Welt in ihren gegenwärtigen Nöten braucht, kann nicht das gleiche sein, das ein späteres Zeitalter erfordern wird. Beachtet genau die Nöte eures Zeitalters und legt den Schwerpunkt eurer Überlegungen auf seine Bedürfnisse und Forderungen.

Aus: Nossrat Peseschkian, „Glaube an Gott und binde dein Kamel fest", Seite 134 (Bahá'u'lláh: Ährenlese)

Was bedeutet positiver Stress (Eustress) bzw. negativer Stress (Distress)?

Stress gehört zu unserem Leben, wie es auch schon der berühmte Stressforscher Hans Selye feststellte. Eingeteilt wird er in Distress für den negativen Stress und Eustress für den positiven Stress. Worin liegt der Unterschied? In der physischen Betrachtung gibt es zunächst keinen Unterschied. Das aufsteigende Retikuläre Aktivierungssystem (ARAS) wird in beiden Fällen aktiv. Die Arbeit oder das Vorhaben kann dadurch mit mehr Leistung und besserer Konzentration bewältigt werden.

> „Meditation ist eine Liebeserklärung an die Ereignisse im Leben. Wir öffnen in der Meditation ein Tor zu einem Raum, in dem wir der Schönheit, Tiefe und Komplexität der Schöpfung lauschen können."
>
> *Thomas Hübl*
> *(Quelle: Thomas Hübl,*
> *http://www.thomashuebl.com/de/component/jem/event/42*
> *2-naechste-download-meditation.html)*

Ob es jetzt Distress oder Eustress ist, liegt in der Bewertung. Liegt Distress vor, so bleibt der Stresspegel auf einem erhöhten Level. Alles, was danach gemacht wird, steht unter dem Einfluss des Stresses. Das Blut hat weiterhin erhöhte Adrenalin- und Cortisolwerte. Auf Dauer schädigt das den Körper. Hier kann z.B. eine veränderte Sichtweise oder eine positive Wandlung von Glaubenssätzen Veränderungen bringen und aus dem Distress kann Eustress werden.

Liegt aber Eustress vor, d.h. auf Vorhaben bzw. die Arbeit wird mit Freude zurück geblickt, dann bauen sich die Adrenalin- und Cortisolwerte schnell wieder ab.

Jens: „Ich hatte immer Stress, wenn ich eine Arbeit zu spät bekam und der Abgabetermin nicht verschoben wurde. Ich versuchte trotzdem den Termin einzuhalten. In vielen Fällen war es mir nicht möglich, so dass ich noch mehr Druck verspürte. Erst als ich nach der Therapie meinen Chef darauf ansprach und er mir zustimmte, konnte ich damit ganz anders umgehen. Meine Arbeit machte mir wieder Spaß.

> „Wenn man sich Traumata stellen möchte, sind Mystik und Psychologie vortreffliche Partner, die sich wechselseitig darin verstärken können, kristallisierte Energie in Bewegung zurückzuführen und die Synchronizität von Körper, Herz und Geist wieder herzustellen."
>
> *Thomas Hübl*
> *(Quelle: Interview Achtsames Leben mit Thomas Hübl, https://www.achtsames-leben.org/themen/spiritualit %C3%A4t-2017/)*

Es war ein riesiger Schritt für mich, zuzugeben, dass ich nicht klar kam, dass ich mir Hilfe suchen musste. Und als ich das erste Mal beim Chef war, war ich sehr aufgeregt. Er kam auf mich zu und unterstützte mich sofort, regelte es sehr professionell. Dadurch fühlte ich mich so gestärkt, dass ich die Arbeit schneller erledigen konnte, als es vorgesehen war. Meine Überstunden reduzierten sich drastisch. Ich finde es sehr wichtig, dass die Vorgesetzten die Ressourcen der Mitarbeiter professionell und verantwortungsbewusst einsetzen können."

Es gibt sehr viele Stressmodelle, so zu Beispiel die von Walter Canon, Hans Selye, Richard Lazarus, das Transaktionale Stress-Modell und viele mehr.

„In unserem Körper existiert ein homöostatischer Regelkreis eines „immuno-neuro-endokrinen Netzwerks" (Besedovski u. del Rey 1991) der durch Erreger verursachte Immunantworten wieder herunterregeln kann, damit der Körper sich nicht selber schädigen kann. Blalock stellte 1994 fest, dass sich unter anderem das Hormonsystem, das Nervensystem und das Immunsystem mit einer „gemeinsamen biochemischen Sprache" verständigen konnten."

Christian Schubert
(Quelle: Psychoneuroimmunologie und Psychotherapie, 2011, S. 3-4)

Das Immunsystem - Psychoneuroimmunologie

Wie funktioniert unser Immunsystem? An dieser Stelle wird es nicht bis in alle Einzelheiten erklärt, sondern nur für das allgemeine Verständnis angerissen.

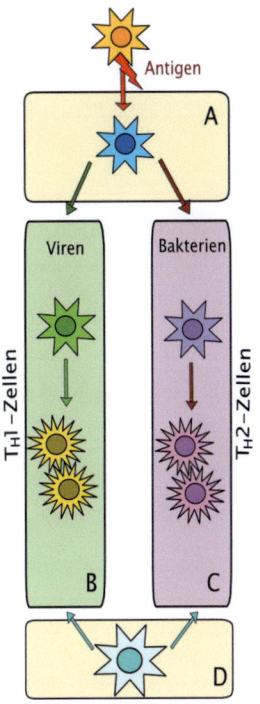

Abbildung: Immunsystem am Beispiel der T-Zellen
(Schema)

A) Die T-Zelle ist noch nicht spezialisiert, sie ist eine naive T-Zelle. Erst der Kontakt mit einem Antigen, mit Viren oder

Bakterien, sind das Signal zum Wachstum, zur Vermehrung (Proliferation) und zur Differenzierung.

B) Nach dem Kontakt mit Viren erfolgt eine zelluläre Antwort des Immunsystems. Es werden natürliche Killerzellen und Makrophagen gebildet.

C) Nach dem Kontakt mit Bakterien erfolgt die humorale Immunantwort durch antikörperbildende B-Zellen.

D) Die regulatorischen T-Zellen überwachen die Immunantwort.

> „In unserem Körper existiert ein homöostatischer Regelkreis eines „immuno-neuro-endokrinen Netzwerks" (Besedovski u. del Rey 1991) der durch Erreger verursachte Immunantworten wieder herunterregeln kann, damit der Körper sich nicht selber schädigen kann. Blalock stellte 1994 fest, dass sich unter anderem das Hormonsystem, das Nervensystem und das Immunsystem mit einer „gemeinsamen biochemischen Sprache" verständigen konnten."
>
> *Christian Schubert*
> *(Quelle: Psychoneuroimmunologie und Psychotherapie, 2011, S. 3-4)*

Wird eine Zelle infiziert bzw. trifft eine Bakterie (als Antigen bezeichnet) auf deine undifferenzierte T-Zelle, so findet eine Differenzierung statt. Sind die Verursacher Viren, so findet eine zelluläre Immunantwort über die T_H1-Zellen statt, die die T-Killerzellen und Makrophagen aktivieren. Handelt es sich um Bakterien, entwickelt sich die humorale Immunantwort über die T_H2-Zellen, die die B-Zellen anregen, Antikörper zu produzieren.

Entspannter Kiefer - Entspannter Körper

Engis Neander und Jens Sapiens

Die regulatorischen T-Zellen (früher Suppressor-T-Zellen) sorgen dafür, dass sich keine überschießende Immunantwort ergibt.

Eine überschießende Immunantwort bedeutet, dass das Immunsystem viel mehr tut, als es eigentlich tun sollte. Es erkennt seine Grenzen nicht, es gerät in Panik. Körpereigene Zellen und Strukturen können dabei

> „Patienten mit Asthma und/oder Heuschnupfen zeigten in der Studie von Fry (Fry et al. 1964) in einem randomisiert kontrollierten Versuchsdesign nach Suggestionen zum Verschwinden der Hautreaktion in der Hypnosebedingung signifikant geringere Reaktionen auf einen Pollen/Hausstaub-Prick-Test."
>
> *(Quelle: Expertise zur Beurteilung der wissenschaftlichen Evidenz des Psychotherapieverfahrens, Hypnotherapie, Januar 2003, vorgelegt von Dirk Revenstorf, Universität Tübingen, S.45)*

geschädigt werden. Daraus kann sich eine Allergie entwickeln, wenn das Immunsystem schon bei sehr geringen Mengen des Antigens überschießend reagiert.

Das »T« steht übrigens für Thymus, der ein lymphatisches Organ ist. Innerviert wird er vorwiegend vom Sympathikus. Weitere Informationen über den Thymus finden sich in jedem guten Anatomiebuch und in guten Büchern über die Endokrinologie.

Unser Immunsystem reagiert auf Antigene. Dabei steht es in Kontakt mit dem Nervensystem und dem Hormonsystem. Gemeinsam sorgen sie dafür, dass die Immunantwort nicht so stark wird, dass der eigene Körper geschädigt wird. Dazu benutzen sie eine gemeinsame Sprache. So wirken zum Beispiel Neuropeptide (Botenstoffe, die von den Nervenzellen ausgeschüttet werden) auf unser Immunsystem.

Nach einer Suggestion mit Hypnose konnte die in einem Prick-Test auftretenden Hautreaktionen zum Verschwinden bzw. zur Verringerung gebracht werden. In den Fachgebieten Neuroendokrinologie, Psychoendokrinologie und Psychoimmunologie werden die Zusammenhänge zwischen der Psyche, der Endokrinologie, der Immunologie und der Neurologie behandelt. Es wird einstimmig die Wechselwirkungen zwischen diesen Bereichen bestätigt.

> „Zusammenfassend bestätigen diese Befunde die Ergebnislage der Psychoneuroimmunologie (PNI), dass negative Emotionen bei gesunden Individuen zu einer Schwächung der Immunfunktionen führen und positive Emotionen möglicherweise eher zu einer Verstärkung."
>
> *Christian Schubert*
> *(Quelle: Psychoneuroimmunologie und Psychotherapie, 2011, S. 31)*

> „Grundsätzlich ist es der ganze Mensch, der »erlebt«, nicht das Gehirn. Erleben ist keine Sache der Geistes, des Gehirns oder des Körpers. Es ist eine Sache des Organismus-in-der-Welt-mit-anderen."
> *Christian Schubert*
> *(Quelle: Psychoneuroimmunologie und Psychotherapie, 2011, S. 333)*

> „Für Therapeuten ist es sehr wichtig, „[...] eine zutiefst nichtdualistische Haltung zu haben und den »Geschichten« der Patienten zuhören zu können."
> *Christian Schubert*
> *(Quelle: Psychoneuroimmunologie und Psychotherapie, 2011, S. 31)*

Fazit

Die Psyche wirkt sich auf alle Bereiche des Menschen aus. Die Wissenschaftlichen Untersuchungen stecken hier teilweise noch in den Kinderschuhen, sind aber schon sehr viel versprechend.

Dabei ist es vollkommen unerheblich, ob die »Geschichte« in jedermanns Augen wahr ist oder nicht. Sie liefert immer Hinweise und möglicherweise Lösungen für die anstehenden Probleme. Dann - und erst dann - kann sich eine vertrauensvolle Basis zwischen Therapeut und Patient aufbauen.

Martin Luther King wurde um die Beurteilung eines Generals gebeten. Nun erwartete der Fragesteller, der wusste, dass Martin Luther King ein eingefleischter Pazifist war, ein negatives Urteil. Aber das Gegenteil war  **der Fall. Mr. King lobte diesen General in den höchsten Tönen. Dies verwunderte den anderen zutiefst. Da lächelte Mr. King: "Ich verstehe Ihre Verwunderung. Aber ich kann diesen Mann doch nicht mit meinem Maßstab messen! Und gemessen an dem, was er für gut und richtig hält, ist es fürwahr ein formidabler Mensch!"**
von Vera F. Birkenbihl

Wie hängen die Strukturen im Körper zusammen?

Dazu schauen wir uns die Entwicklung des menschlichen Körpers an. In der Entwicklungsbiologie wird damit die erste Differenzierung des Embryos bezeichnet. Es werden drei Keimblätter gebildet, aus denen sich die Strukturen des menschlichen Körpers ableiten. Die Keimblätter werden mit Entoderm, Mesoderm und Ektoderm bezeichnet. Die unterschiedlichen Strukturen, die sich aus ihnen bilden, können aus der folgenden Tabelle ersichtlich werden.

Das Entoderm entsteht wie die anderen beiden Keimblätter während der Embryogenese und ist das innere Keimblatt.

- Gastrointestinaltrakt (mit Ausnahme Mundhöhle, After)
- Verdauungsdrüsen (Leber, Pankreas)
- Respirationstrakt
- Schilddrüse
- Harnblase
- Harnröhre

Das Mesoderm ist das mittlere Keimblatt.

- Knochen
- Muskeln
- Herz
- Gefäße
- Blut
- Nieren
- Keimdrüsen

Das Ektoderm ist das äußere Keimblatt.

- Haut
- Teile der Zähne (Zahnschmelz)
- wesentliche Teile der Sinnesorgane, Sinnesepithelien
- Nervensystem

Hier können wir gut erkennen, dass z.B. bei Stürzen die Knochen und die Muskulatur betroffen sind. Nicht nur die, die direkt am Sturz beteiligt sind, sondern auch die, die „weit" davon entfernt sind (zum Beispiel beim Sturz auf die Schulter, die Beteiligung der Hüfte oder der Knie). Sie haben alle ihren Ursprung in dem mittleren Keimblatt, dem Mesoderm.

So kann es passieren, dass die direkt betroffenen Bereiche behandelt werden, eine Genesung aber nicht eintritt, weil es noch - um beim Beispiel zu bleiben - Störungen bzw. Blockaden in der Hüfte oder im Knie gibt. Hier ist eine wunderbare Unterstützung die Injury Recall Technique, die auf Dr. Schmitt zurück geht. Sie bedient sich der Kinesiologie, um Verletzungsmuster aufzusuchen und die Blockaden lösen zu können.

Bei Jens kann es der Autofahrer sein, der ihm die Vorfahrt nahm, Stress bei der Arbeit, ein Sturz in der Kindheit, an den er sich nicht mehr erinnert usw.. Ein Muster, das sich sowohl emotional wie neurologisch festsetzen kann.

Wir brauchen nicht so fortzuleben, wie wir gestern gelebt haben. Machen wir uns von dieser Anschauung los, und tausend Möglichkeiten laden uns zu neuem Leben ein.

Christian Morgenstern

Wie läuft der Stress im Körper ab?

Wie damals schon, als es den Säbelzahntiger gab und wir nur die Möglichkeit hatten, zu kämpfen, zu flüchten oder sich tot zustellen, reagiert der Körper wie folgt:

Der Adrenalinspiegel steigt - wir brauchen diese Energie.

Der Cortisonspiegel steigt - Entzündungen brauchen wir jetzt nicht.

Das Kiefergelenk wird festgehalten - denn ohne Kiefer konnte keine Nahrung mehr aufgenommen werden. Parenterale Ernährung gab es nicht.

Die Muskulatur wird sehr gut durchblutet, damit sie leistungsfähiger wird.

Die Verdauung wird reduziert - wird für den Kampf nicht benötigt.

Der Sexualtrieb nimmt stark ab - für den Nachwuchs kann hinterher gesorgt werden.

Die Pupillen werden weit gestellt - wir sehen mehr aber unschärfer.

Das Möglichkeit des Lernens wird reduziert - jetzt braucht kein Gedicht auswendig gelernt werden.

Die oberflächliche Hautdurchblutung wird reduziert - bei kleineren Verletzungen verlieren wir weniger Blut.

Entspannter Kiefer - Entspannter Körper

Engis Neander und Jens Sapiens

Die Atmung wird tiefer - wir brauchen mehr Sauerstoff.

Die Sauerstoffzufuhr und die Versorgung mit Zucker zum Gehirn wird erhöht - wir müssen wacher sein, ganz besonders unser Reptiliengehirn. Das Großhirn muss sich mit weniger begnügen.

Die Muskulatur wird vorgespannt - schnelleres Reagieren wird möglich.

Um diese Aktionen kümmert sich der Sympathikus.

Nach dem optimalen Umgang mit dem Stress sorgt der Parasympathikus für eine Regeneration des Körpers und für das Auffüllen der Energiereserven.

Man soll alle Tage wenigstens ein kleines Lied hören, ein gutes Gedicht lesen, ein treffliches Gemälde sehen und, wenn es möglich zu machen wäre, einige vernünftige Worte sprechen.
Johann Wolfgang von Goethe

Die Kraft der Emotionen

Die Emotionen haben Kraft. Sie haben die Kraft, uns in einen Strudel hineinzuziehen, aus dem wir schwer wieder hinauskommen. Sie haben aber auch die wunderbare Kraft, uns mit Energie zu versorgen, die Herausforderungen des Lebens anzunehmen und zu bewältigen.

Die Emotion, die Jens empfindet:
„Also, ich war sehr wütend. Selbst nach einigen Tagen saß die Wut noch im meinem Bauch. Und es drückte. Jedes Mal, wenn ich an der Kreuzung vorbei fuhr, spürte ich es."

Wut, ist zusammen mit Freude, Angst und Trauer eine der grundlegenden Emotionen des Menschen und erfüllt einen wichtigen Zweck: Wut ist die Energie, die ein sensibles Herz beschützt, die einen sicheren Raum für Verletzlichkeit bereitet. Die Wut ist nicht zu verwechseln mit Aggression und Gewalt. Sie kann genau so gut zerstörerisch wie auch voranbringend sein. Beides mit der gleichen Intensität. Welche davon eingesetzt wird, liegt letztendlich in der Entscheidung des Einzelnen.

Wut ist wie Gift zu trinken und darauf zu warten, dass die andere Person stirbt.
William Shakespeare

**Wut ist wie eine Säure,
die für das Behältnis,
in dem sie gelagert wird,
schädlicher sein kann als für alles,
auf das man sie schüttet.**
Mark Twain

Mark Twain und William Shakespeare haben schon ganz recht: Die

Wut schadet uns nur selber. Es sei denn, wir setzen sie richtig ein. Genau genommen ist sie Energie, die gelenkt werden kann. Wir können sie nutzen, um sich abzugrenzen, „Nein" sagen zu können, sich durchzusetzen und lebensnotwendige Grundbedürfnisse zu erfüllen.

Und Aristoteles fasst es in wunderbare Worte: „Jeder kann wütend werden, das ist einfach. Aber wütend auf den Richtigen zu sein, im richtigen Maß, zur richtigen Zeit, zum richtigen Zweck und auf die richtige Art, das ist schwer."

Das ist schwer, aber nicht unmöglich. Es ist möglich.

Jens hat eine Methode gelernt, die ihm dabei hilft. „Und erst im Laufe der Therapie merkte ich, dass diese Wut nicht dem anderen Autofahrer schadete, sondern mir selbst. Durch die einfache

---

Tipp

Lautbalance

Um die Meridiane auszugleichen kann eine Lautbalance angewendet werden. Darin sind die Laute: Lachen, Singen, Weinen, Stöhnen und Schreien enthalten.

Im ersten Schritt die Laute kurz und intensiv in folgender Reihenfolge:

Lachen

Singen

Weinen

Stöhnen

Schreien

Im zweiten Schritt die Laute kurz und intensiv in folgender Reihenfolge:

Lachen

Weinen

Schreien

Singen

Stöhnen

Bekannt ist sie auch unter der 5-Element-Lautbalance aus der Kinesiologie, Touch for Health.

Methode des Klopfens hatte ich eine schöne Methode an die Hand bekommen. Das Klopfen wende ich immer an, wenn mich etwas belastet, etwas stört und so weiter."

Die Wut bzw. der Ärger ist den Organen Leber und Gallenblase, dem Holzelement zugeordnet. Dem Holzelement ist das Wachstum und das Schreien zugeordnet.

Da hier die Emotionen angesprochen werden, hier ein kleiner Überblick weiterer Emotionen:

Trauer

Trauer ermöglicht, sich auf neue Gegebenheiten einzustellen, das Alte loszulassen. Die Trauer kann aber auch lähmen, uns gefangen nehmen. Sie ist der Lunge und dem Dickdarm, dem Metallelement zugeordnet. Dem Metallelement ist das Ruhe und das Weinen zugeordnet.

Angst

Die Angst bringt uns dazu, bei Gefahr zu fliehen, uns in Sicherheit zu bringen. Sie sichert unser Überleben. Sie kann aber auch unser tägliches Leben überschatten aus Täuschungen erworbener Muster und Bilder: erstarrend, einengend, krankmachend. Sie ist den Nieren und der Blase, dem Wasserelement zugeordnet. Dem Wasserelement ist die Stille und das Stöhnen zugeordnet.

Sorge

Die Sorge ist die Kraft des Mitgefühls, Kraft der Fürsorge und hält Familienstruktur und Gemeinschaft zusammen. Auf der anderen Seite kann sie auch Gedankenkarussell und Grübelgedanken bedeuten, unsere Weiterentwicklung lähmen. Sie ist der Lunge und dem Dickdarm, dem Metallelement zugeordnet. Dem Metallelement ist die Ruhe und das Weinen zugeordnet.
Und an dieser Stelle eine der wichtigsten Emotionen:

Dankbarkeit

Nicht jeder Tag ist gut, aber jeder Tag birgt etwas Gutes. Und es ist gut, sich jeden Abend, vor dem schlafen für die guten Dinge des Tages zu bedanken. Auch wenn es nur ein Knopf an einer Jacke war. Es tut uns gut und kann für eine erholsame Nacht sorgen.

1. Versuche jede Stunde einmal achtsam zu sein.

2. Verankere dein Bewusstsein während des Tages sooft wie möglich im Atem.

3. Sei Dir jeden Tag eines erfreulichen Ereignisses bewusst, und zwar während es geschieht.

Jon-Kabat-Zinn, Gesund durch Meditation, S. 322

Mit diesem Thema kann man ganze Kapitel, ja sogar ganze Bücher füllen. Es ist sehr wichtig, die Dankbarkeit zu praktizieren.

Wer hier intensiv einsteigen möchte, dem sei zum Beispiel ein Buch von Jon Kabat-Zinn empfohlen.

Vertraue deinem Herzen. Wertschätze dessen Intuition.
Wähle die Angst loszulassen und
öffne dich der Wahrheit und
du wirst erwachen zu
Freiheit, Klarheit und Freude am Sein.
Mooji

Coping

Coping ist die Bezeichnung für unterschiedliche Bewältigungsstrategien, mit schwierigen Situationen und Krankheiten umzugehen. Dabei wird der Umgang mit negativen Gefühlen und mit zukünftigen Situationen gelernt.

Es gibt unterschiedliche Ansatzpunkte des Coping:

- Problemorientiertes Coping,
- Emotionsorientiertes Coping und
- Bewertungsorientiertes Coping

Problemorientiertes Coping

Das problemorientierte Coping setzt an den auslösenden Bedingungen an. Wobei die auslösenden Bedingungen situationsabhängig sind. Sie sind auf das Problem abgestimmt. Es wird versucht, mit Handlungen oder mit Nicht-Handlungen, durch Informationssuche das Problem zu überwinden.

Emotionsorientiertes Coping

Bei dem emotionsorientierten Coping wird versucht, die Emotionen abzubauen, bzw. in ihnen etwas Positives zu sehen, die Emotion anzunehmen und zu lenken. Hier kann das positive Denken, Entspannung oder Sport eine mögliche Lösung sein.

Bewertungsorientiertes Coping

Bei dem bewertungsorientierten Coping wird versucht, das Problem anders zu bewerten, als Herausforderung anzusehen, als Ansporn, es zu überwinden. Das Ergebnis kann Anpassung und Lernen sein.

Welche dieser Coping-Strategien angewendet werden, hängt von der einzelnen Persönlichkeit ab. Oft werden auch unterschiedliche Strategien gemeinsam umgesetzt. So unterschiedlich der Mensch, so unterschiedlich die Lösungs-Strategie. Es handelt sich um einen Prozess, der im Laufe der Situation, im Laufe des Lebens entwickelt wird. Auch werden, wenn die Lernerfahrungen des Lebens umgesetzt werden, in späteren Situationen neue, erweiterte Strategien angewendet. Vielleicht sogar die, die früher vollends ausgeschlossen wurden.

Was hier als Coping angesprochen wurde, läuft bei den meisten Menschen automatisch ab, ohne sich Gedanken darüber zu machen, um welche Strategie es sich handelt. Jeder hat im Laufe seines Lebens Methoden entwickelt, mit den meisten Problemen klar zu kommen. Oft werden die erlernten Methoden angewendet, ohne darüber nachzudenken, dass es vielleicht bessere, effizientere, den Lebenserfahrungen angepasstere Strategien gibt.

Was du liebst, lass frei. Kommt es zurück, gehört es dir - für immer.

Konfuzius

Wie können wir Jens helfen?

Jens ist bereit, sich helfen zu lassen. Dabei helfen wir ihm, die passenden Methoden zu finden.

Es gibt viele Möglichkeiten, mit Stress umzugehen. Alkohol, Medikamente und Drogen sind dazu nicht geeignet, denn sie erhöhen den Stress noch um ein Vielfaches. Sie sorgen dafür, dass sich die Wahrnehmung während der Wirkungsphase verändert. Die Ursache des Stresses dagegen bleibt bestehen. Nach dem Ernüchtern wird man ernüchtert feststellen, dass sich nichts verändert hat, ganz im Gegenteil: Neue Probleme kommen hinzu!

Von den einzelnen Methoden zum Abbau des Stresses fühlen sich sicherlich nicht alle Menschen angesprochen. Das ist die Individualität, die sich in allen Bereichen nieder schlägt, so auch in der Behandlung von Stresssymptomen und der Wahl der richtigen Methode.

Unser eigenes Erleben ist beeinflusst durch Erfahrungen aus der Vergangenheit. Wir werden nachhaltig geprägt durch unsere

Man hilft den Menschen nicht, wenn man für sie tut, was sie selbst tun können.

Abraham Lincoln

Eltern (Gene, Vorbildfunktion und Erziehung) und durch die Schule, Studium bzw. die Ausbildung (Schulfreunde, Klassenkameraden, Kollegen und Lehrer). Die Informationsflut der Medien (TV, Radio, Internet), geprägt von dem Satz „Nur schlechte Nachrichten sind gute

Nachrichten" fördern das innere Unwohlsein sehr stark, beeinflussen uns zusätzlich.

Doch wir sind unserem Schicksal, zum Beispiel einer schweren Kindheit oder den Genen, nicht ausgeliefert. Jeder Zeit kann die eigene Sichtweise verändert werden, kann die eigene Erfahrung für das persönliche Wachstum genutzt werden. Jeder Mensch hat die Wahl, mit seinen eigenen Kindern genau so umzugehen wie mit ihm umgegangen wurde oder aus seiner Erfahrung zu lernen und die Erziehung anders zu gestalten.

Um Jens seinen Weg aus seinem Albtraum finden zu lassen, nehmen wir ihn an die Hand und führen ihn zurück in seinen Normalzustand. In diesem Fall haben wir Glück, denn Jens ist bereit, sein Leben zu verändern! Dieser wichtige erste Schritt ist schon die „halbe Miete". Ohne eine klare Entscheidung wird der Weg der Veränderung steinig werden oder gar unmöglich.

Mehrere Schritte können dazu beitragen, Jens aus seiner Spirale heraus zu holen. Gerade in Betrieben spielen die Führungskräfte im betrieblichen Stressmanagement eine Schlüsselrolle.

Es können hier nur ein paar wichtige Punkte angeschnitten werden. Sie sollen nur anregen, den eigenen Lebensrhythmus zu überdenken. Dann braucht es noch eine Portion Mut, seinen eigenen Rhythmus, seine eigene Lebenseinstellung, seine Sichtweisen zu ändern.

Hut ab! für diejenigen, die es tun.

Die folgenden Schritte nutzen nicht nur Jens, nicht nur dem Menschen, sie können genau so gut für Organisationen wie Firmen und Vereine angesetzt werden.

Abbau der Stressoren

Zum Abbau der Stressoren gehört es, die Stressoren zu erkennen, sowohl im Arbeitsbereich als auch im privaten Bereich.

Zum privaten Bereich gehört auch die Nachtruhe. Wie ist sie gestaltet? Gehe ich regelmäßig zum gleichen Zeitpunkt schlafen? Ist mein Rhythmus am Wochenende der gleiche wie in der Woche? Ist das Schlafzimmer nachts abgedunkelt?

Die Nachtruhe fällt viel besser aus, wenn der Raum, in dem geschlafen wird, abgedunkelt ist. Unser Tag-Nacht-Rhythmus wird von der Zirbeldrüse (Epiphyse) gesteuert. Das Hormon Melatonin wird bei Dunkelheit ausgeschüttet. Während der Dunkelheit steigt es um die zehnfache Konzentration an, mit dem Maximum um drei Uhr morgens. Bei Tageslicht wird die Ausschüttung stark reduziert. Ein so genanntes Nachtlicht im Schlafzimmer reduziert seine Ausschüttung und die Qualität des Schlafes. Der Abbau des Melatoninspiegels findet hauptsächlich über die Leber statt.

Wissenswert dabei ist auch, dass das während des Tages Gelernte nachts im Schlaf aus dem Kurzzeitgedächtnis in das Langzeitgedächtnis „kopiert" wird. Dazu ist ein erholsamer Schlaf sehr wichtig. Studien stellten fest, dass starker Stress die Anzahl der Gehirnzellen in dem wichtigen Hippocampus reduziert, besonders wenn er dauerhaft ist. Aber nicht vergessen: Stress gehört zu unserem Leben, wie auch die darauf folgende Erholungsphase.

Zu einem gesunden Schlaf gehört auch, sich frei von Gedanken, die einen stark beschäftigen, ins Bett zu legen. Mit den Gedanken an ein Streitgespräch, an die Katastrophen, von denen in den Nachrichten berichtet wurde oder an einen spannenden und aufwühlenden Film, wird die Nachtruhe erheblich gestört.

Unser Gehirn aktiviert die motorischen Nervenzellen, wenn etwas aktiv durchgeführt, eine körperliche Arbeit erledigt wird. Genau so ist es, wenn ein Mensch beobachtet wird, der bestimmte Tätigkeiten ausführt. Der Beobachter aktiviert die gleichen motorischen Nervenzellen, wie auch der Akteur. Dabei ist es unerheblich, ob der Akteur direkt vor uns steht oder ob er im Kino oder TV beobachtet wird. Durch die 1995 entdeckten Spiegelneuronen kann das erstaunlich gut erklärt werden. Die daraus resultierenden Resonanzprozesse lassen die gleichen Netzwerke im Gehirn aktiv werden. Wobei der Beobachter diese Aktionen dabei nicht selbst physisch ausführen muss. Das funktioniert genau so bei Kindern, mit dem Unterschied, dass die Erwachsenen leichter bewerten können, ob das angesehene Realität oder Fiktion ist. Für kleine Kinder ist alles Realität. Es ist gut, darauf zu achten, was im Kino oder Fernsehen angeschaut wird und wie viel und wie lange!

Bei der Identifizierung der persönlichen Stressoren spielt es keine Rolle, wie andere diese Stressoren bewerten. Aussagen wie „Das ist doch halb so wild ..." und „Stell' dich nicht so an ..." können zur Verschlimmerung oder zur Bildung neuer Stressoren führen.

Auch selbst gebildete Glaubenssätze können zu den Stressoren zählen, wie „Das schaffe ich nie ...", „Ich bin nicht wütend, ich bin nur verletzt ...", „Wenn ich nur ..., dann hätte ...". Diese und viele weitere Glaubens-Sätze führen zu erhöhtem Stress.

So sind die Stressoren Druck, Termine, Aktienkurs, ausbleibende Aufträge bei den Firmen häufig zu finden. Oft wird der Stress der Chefs an die Mitarbeiter weitergegeben, wie zum Beispiel Standortverlagerungen, Kurzarbeit, Entlassungen und auch persönliche und private Konflikte der Chefs. So ist es wenig erstaunlich, dass, wenn ein Abteilungsleiter eine neue Abteilung mit anderen Mitarbeitern führt, er den Krankenstand mitnimmt.

Stressoren gibt es unendlich viele. Jeder Mensch bewertet die

Veränderung wird nur hervorgerufen durch aktives Handeln, nicht durch Meditation oder Beten allein.
Dalai Lama

Stressoren anders. Während bei dem einen Menschen eine Situation mit erheblichem Stress verbunden ist, stellt es sich für eine andere Person als völlig unbedeutend dar. Es ist immer eine sehr individuelle Bewertung, die sich im Laufe des Lebens ändern kann.

Aktivierung der Ressourcen – der innere Arzt

Jens hat, wie jeder Mensch Ressourcen, auf die er zurückgreifen kann. Seien sie aus dem gegenwärtigen Standpunkt auch noch so klein. Sie sind vorhanden und können aktiviert werden.

Dazu zählen die von ihm mitgebrachten Stärken, Gewohnheiten, Fähigkeiten, Einstellungen und Eigenarten. Auf das mitgebrachte Spektrum kann er zurückgreifen, es ist sozusagen sein sicherer Hafen, der ihm das Gefühl gibt, gehalten zu werden, nicht den Boden unter den Füßen zu verlieren.

Dieses herauszufinden und zu nutzen ist seine Aufgabe, die er von sich aus oder zusammen mit dem Therapeuten leisten kann. Manchmal reicht ein Hinweis oder ein Satz von dem Partner oder der Freundin, dem Freund. Jens braucht nur seine Augen und Ohren öffnen.

Jeder Mensch hat einen inneren Arzt: Jede noch so gute Therapie und jede noch so gute Medizin unterstützt den Menschen nur in seinen eigenen Fähigkeiten, wieder gesund zu werden. Antibiotika sorgen nur dafür, dass sich die Bakterien nicht weiter vermehren können. Heilen muss der Körper sich aber alleine - und das macht der innere Arzt – auch Selbstheilungskraft genannt.

Veränderung der Bewertungen

Wir sind erzogen worden, dass alles und immer bewertet werden muss. Jede Arbeit in der Schule, das Verhalten, die Anwesenheit, wenn jemand still oder laut ist – alles wird bewertet. Und im Leben wird oft die Frage gestellt: War das gut?

Aber was ist gut? Welche Maßstäbe werden angesetzt? Ist das nicht alles subjektiv?

Die Maßstäbe, die wir ansetzen, sind aus unserer Vergangenheit – also durch unsere Erfahrung entstanden. Manches empfinden wir als gut, anderes als schlecht. Andere Personen sehen das anders, weil sie andere Erfahrungen gemacht haben.

Vieles zeigt sich oft erst viel später als gut, was zum Zeitpunkt der Erfahrung als schlecht bewertet wurde. Nicht selten hört man, dass diese oder jene Krankheit das Beste war, was einem passieren konnte.

Eine Bewertung einer Situation beeinflusst automatisch unser emotionales Empfinden. Und so werden auch die folgenden Erfahrungen unter diesen Aspekten bewertet. Sei die Erfahrung noch so gut und lehrreich oder noch so schlecht.

Auch werden Erfahrungen unterschiedlich bewertet, je nachdem, wie sie zu unseren Glaubenssätzen oder in unsere Lebensphilosophie passen.

Und die Vorstellung: „Das kann ich sowieso nicht ändern" wirkt sich wiederum auf unsere Bewertung aus.

Wenn wir nun viele Erfahrungen gesammelt haben und uns dann wieder an vergangene ältere Erfahrungen erinnern, haben wir die Möglichkeit, diese Erfahrungen neu zu bewerten.

Loslassen.

Loslassen ist manchmal nicht einfach, aber oft notwendig. Besonders wenn es sich um Glaubenssätze handelt, die einmal wichtig und richtig waren, heute aber nicht mehr sinnvoll sind. Dann ist es gut, diese loszulassen.

Da Vergänglichkeit für uns gleichbedeutend ist mit Schmerz, klammern wir uns verzweifelt an die Dinge, obwohl sie sich ständig ändern. Wir haben Angst loszulassen, wir haben Angst, wirklich zu leben, weil leben lernen loslassen lernen bedeutet. Es liegt eine tragische Komik in unserem Festhalten: Es ist nicht nur vergeblich, sondern es beschert uns genau den Schmerz, den wir um jeden Preis vermeiden wollten.
Sogyal Rinpoche

Loslassen heißt nicht, wenn es sich um Partner, Freunde oder Kinder handelt, dass sie aus unserem Leben verschwinden. Loslassen heißt, diesen Menschen die Freiheit lassen, sie selbst zu sein und nicht unbedingt sich unseren Vorstellungen anzupassen.

Tipp

Führen Sie keine Streitgespräche während des Essens durch. Der Streit würde mit dem Essen dem Körper zusätzlich zugeführt. Richten Sie lieber eine speziell dafür vorgesehene Zeit ein. Das sollte auch nicht immer zum selben Zeitpunkt stattfinden, sonst findet auch hier eine Verknüpfung statt.

Bei einem Streitgespräch sollte man den anderen immer als gleichberechtigt ansehen, mit ihr oder ihm auf gleicher Augenhöhe sprechen. Dabei geht es um die „Sache". Der Respekt gilt der anderen Person. Wichtig ist, die andere Person ausreden zu lassen und immer die Ich-Form anwenden.

Therapieansätze

Kinesiologie, Astrologie, Musiktherapie, Kunsttherapie, Gesprächstherapie, Biografiearbeit, das Klopfen, die energetische Psychologie und viele weitere Therapien sind zu finden. Die richtige Therapie ist von Mensch zu Mensch unterschiedlich.

> **Es sind nicht die Dinge selbst, die uns bewegen,**
> **sondern die Ansichten, die wir von Ihnen haben.**
> *Epiktet*

Alle Menschen sind unterschiedlich, haben ihren eigenen Weg im Leben beschrieben und eigene Erfahrungen gesammelt. Daraus sind Sichtweisen und Glaubensmuster entstanden. Das macht die wunderbare Vielfältigkeit der Menschen aus. Mit jedem einzelnen Menschen wird die Welt um vieles reicher, vielfältiger und kompletter.

So unterschiedlich wie die Menschen sind, so unterschiedlich ist ihr Lebensweg und so unterschiedlich ist der Weg, der zu den Beschwerden geführt hat. Sie können durch ein Ungleichgewicht, oder anders ausgedrückt, durch eine Überbeanspruchung von Körper, Geist und/oder Seele entstehen. Egal, ob es sich dabei um Verspannungen, Verrenkungen, seelische Belastungen durch z.B. Verlust eines lieben Menschen oder um Glaubensmuster und Glaubenssätzen wie z.B. „Ich habe sowieso immer nur Pech" handelt.

Entspannter Kiefer - Entspannter Körper

Engis Neander und Jens Sapiens

Ganz gleich mit welchen Beschwerden der Patient bzw. der Klient zum Therapeuten kommt: Wichtig ist das Zuhören, das Erkennen der Beschwerden an sich und das Erkennen des Teiles des Lebensweges, das zu den Beschwerden geführt hat. Danach erfolgt das Herausführen aus dieser Sackgasse zur Straße der Heilung (Stichwort: Der innere Arzt).

Methoden gibt es wie Sand am Meer. Die Detektivarbeit besteht unter anderem darin, die passende Methode zu finden bzw. aus dem Methodenpool des Therapeuten den richtigen „Mix" zu erstellen. Dann kann es durchaus sein, dass eine Methode, die zum Beispiel auf der körperlichen Ebene ansetzt, auf der emotionalen und mentalen Ebene gleichsam wirkt.

Wie können wir uns das vorstellen?

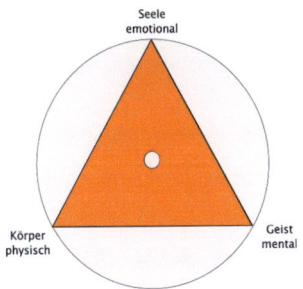

Abbildung: Körper, Geist und Seele im Gleichgewicht
bzw. physisch, mental und emotional im Gleichgewicht

Wenn wir annehmen, dass der Mensch aus Körper, Geist und Seele „zusammengesetzt" ist, lässt sich das leicht an einem gleichseitigen Dreieck darstellen.

Der Mensch ist ausgewogen und in seiner Mitte (kleiner Kreis). Er ist gesund, hat seine gesamte Energie zur Verfügung (Flächeninhalt des Dreieckes).

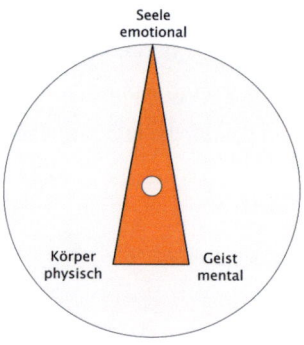

Abbildung: Überbewertung der Emotionen

Sobald eine Ebene aus dem Gleichgewicht gerät, sind auch die anderen Ebenen aus dem Gleichgewicht geraten. Es können Krankheiten entstehen, wenn dieses Ungleichgewicht längere Zeit anhält.

Der Mensch hat nicht mehr die volle Leistungsfähigkeit, seine volle Energie zur Verfügung (Flächeninhalt des Dreieckes). Auswirkungen hat das auch auf das Immunsystem, der Mensch wird anfälliger für Infektionen usw.

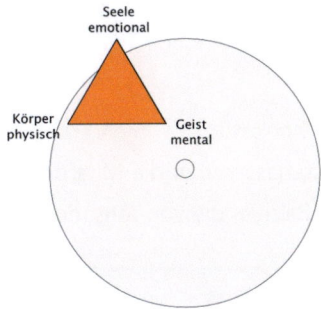

Abbildung: Die eigene Mitte verlassen

Auch hier hat der Mensch nicht seine volle Leistungsfähigkeit, ist in sich ausgeglichen, aber seine Mitte ist aus dem Zentrum gerutscht. Der Mensch steht sozusagen neben sich. Emotional ist er sogar aus seinem ihn beschützenden Lebenskreis geraten. Unsicherheit, Anfälligkeit, das Gefühl, den Boden unter den Füßen zu verlieren, stellen sich ein. Sieht so eine Psychose aus?

Wenn ein Winkel des Dreieckes (Lebensenergie) durch ein Ungleichgewicht verändert wird, so verändert es automatisch alle anderen Winkel und die Seiten des Dreieckes. Aus der Geometrie ist bekannt, dass ein gleichseitiges Dreieck drei gleich lange Seiten hat und drei Winkel, die je 60 Grad betragen. Sobald ein Winkel verändert wird, ist kein gleichseitiges Dreieck mehr vorhanden! Der Mensch ist nicht mehr im Gleichgewicht.

Wird der aus dem Gleichgewicht geratene Winkel korrigiert, so beeinflusst er automatisch die anderen beiden Winkel. Es kann sich das Gleichgewicht des gesamten Dreieckes, des gesamten Menschen wieder einstellen.

Manchmal ist eine Korrektur an mehreren Winkeln bzw. Seiten notwendig. Wichtig ist, dass immer die Mitarbeit des zu behandelnden Menschen, in diesem Beispiel die von Jens, notwendig ist.

Wichtig für die Therapie ist immer die Mitarbeit des Patienten, des Klienten.

Aber warum?

Wenn Jens in die Praxis kommt, sich behandeln lässt und Veränderungen in seinem Leben zulässt, bestehen gute Chancen, ihn wieder ins Gleichgewicht zu bringen. Wenn er aber sein Leben so weiter lebt, wie bisher, wenn er nichts in seinem Leben verändert, dann wird sich wieder ein Ungleichgewicht einstellen. Hier ist der Schlüssel zu seinen Beschwerden – hier ist der Schlüssel zu einem freien Leben.

Jens: „Mir half bei dem starken Stress eine Massage, um meinen Körper wieder zu spüren, wieder fühlen zu können. Ich hatte schon gar kein gesundes Körpergefühl mehr, wusste gar nicht mehr, wie schön ein liebevolles Streicheln, ein liebevolles Klopfen auf die Schultern sein kann. Zusammen mit der Neurostrukturellen

Integrationstechnik kam mein Körper immer mehr ins Gleichgewicht. Ich kam langsam wieder in meine Gefühle hinein.

Über die Kinesiologie fanden meine Therapeutin und ich gemeinsam Gedankenschleifen und Glaubenssätze, die mich in meinen Strudel immer weiter hinein zogen.

Sie erklärte mir genau, wie sich Gedankenschleifen und Glaubenssätze auf den Alltag auswirken können. Die Glaubenssätze, so sagte sie, seien in der Vergangenheit entstanden, waren zu dem Zeitpunkt notwendig. Leider bleiben einige für lange Zeit bestehen, ohne das sie überprüft werden. So können sie uns in unseren Entscheidungen beeinflussen und sogar unsere Sicht einschränken.

Nachdem wir sie erkannten, war der nächste Schritt, ein Übungsprogramm zu Hause durchzuführen.

Die regelmäßigen meditativen Reisen beflügelten meine Fantasie. Mein Leben wurde leichter und kreativer. Meine Familie rückte wieder

Übungsprogramm

Ein Übungsprogramm kann eine Bewegungsabfolge, eine Affirmation, eine bestimmte Tätigkeit sein, die durchgeführt wird, um das Ergebnis, die neue Ansicht, das neue Ziel zu festigen.

immer mehr in meinen Mittelpunkt, wo sie auch hin gehört. Meine Kinder sagten mir, dass sie mich jetzt wieder erreichen können.

Das trieb mir die Tränen in meine Augen. Ich hatte gar nicht bemerkt, dass ich mich so weit von ihnen entfernt hatte.

Aber das ist Vergangenheit."

Als ein Vater seinen zwölfjährigen Sohn fragte, was er sich zum Geburtstag wünsche, antwortete dieser: «Papa, ich möchte dich!» Sein Vater arbeitete die ganze Zeit und war selten zu Hause. Sein Sohn war eine Glocke der Achtsamkeit, die ihn daran erinnerte, dass das kostbarste Geschenk, das wir unseren Liebsten machen können, unsere wirkliche Gegenwart ist.
Thich Nhat Hanh

Die Energielehre

Die Energielehre existierte schon weit vor unserer Zeitrechnung. So wird die uns durchströmende Energie in Indien mit Prana (Quelle allen Lebens, der Atem des Lebens) und in China als Chi mit den polaren Aspekten des Yin und Yang bezeichnet. In der Kabbala wie auch bei den Pythagoreern (Anhängern von Pythagoras von Samos, ein antiker griechischer Philosoph), wird sie erwähnt und beschrieben.

Paracelsus, (1493-1541, Arzt, Alchemist, Mystiker, Philosoph), Philip Aureolus Theophrast Bombast von Hohenheim, bezeichnet sie als Iliaster (männliche Energie) und im Gegensatz dazu Aquaster (weibliche Energie).

Dr. Franz Anton Mesmer (1734-1815, deutscher Arzt) entwickelte die Lehre vom animalen Magnetismus und vermutete eine dem elektromagnetischen Feld analoge Kraft.

Dr. John Pierrakos (1921-2001, Griechenland, studierte an der Columbia Universität und erwarb den Doktor in Psychiatrie) beschäftigte sich zusammen mit Dr. Richard Dobrin und Barbara Brennan (19. Februar 1939, M.A., Magister Artium, M.A., Lehrerin der „Freien" Künste, Ph.D, US-amerikanische Physikerin) in den siebziger Jahren des letzten Jahrhunderts mit der Messung des menschlichen Energiefeldes und der Lichtenergie mit einer Wellenlänge von 350 nm (sichtbares Licht liegt etwa zwischen 380 und 750 nm, die Versuche lagen im UV-A Bereich, 315 - 380 nm). Zusammen mit seiner Frau arbeitete er an einer holistischen Sichtweise des Menschen, die die Meditation und Psychologie miteinander verbindet.

Dr. William Eidson (Doktor der Philosophie) experimentierte zusammen mit Barbara Brennan und Geistheilerin Karen Gestla (Medium) an der Drexel-Universität zum Nachweis der Aura. Sie untersuchten die Ablenkung eines Laserstrahls mit 2mW Leistung durch Aura-Energie.

Dr. Andrija Puharich (1918-1995, United States, Doctor of Medicine, Doctor of Laws) stellte fest, dass die Pulsation des Magnetfeldes an den Händen von Heilern immer 8 Hz beträgt und je höher die Amplitude war, desto stärker war auch die Heilwirkung.

Prof. Dr. Fritz-Albert Popp (1938, Frankfurt am Main, deutscher Biophysiker) maß 1992 die willentliche Erhöhung der Biophotonenemission an den Händen der amerikanischen Heilerin Rosalyn Bruyere und des italienischen Heilers Nicola Cutolo.

Und noch viele mehr.

Eine Theorie der Energiebilanz besagt, dass sowohl Jens wie auch Engis und jeder andere Mensch eine bestimmte Menge an Energie für ihr Leben zur Verfügung haben. Je effektiver sie damit umgehen, desto länger können sie leben. Eine ausgeglichene Energiebilanz sorgt für den Normalpegel und zu einer bestimmten Lebenszeit, die manche Wissenschaftler mit 120 Jahren angeben, andere geben eine wesentlich längere mögliche Lebenszeit an.

Wird nun Stress erzeugt, wie zum Beispiel durch den Säbelzahntiger oder durch den Autofahrer sinkt der Normalpegel schlagartig ab, ruft eine Alarmreaktion hervor, die in der Amygdala abgespeichert wird

Entspannter Kiefer - Entspannter Körper

Engis Neander und Jens Sapiens

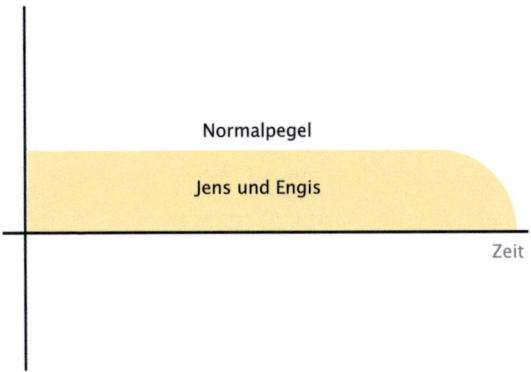

Abbildung: Energielehre
optimaler Lebenszyklus

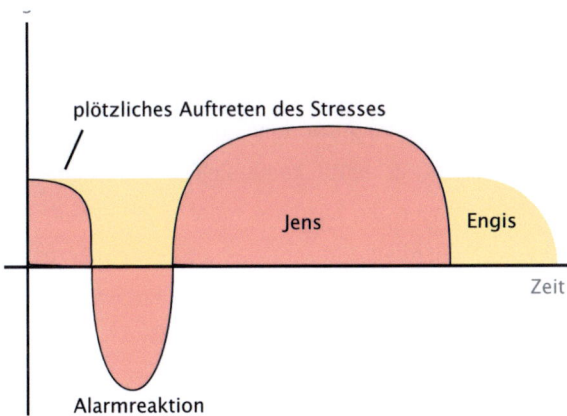

Abbildung: Energielehre
Lebenszyklus mit unverarbeitetem Stress (rot)

und die Energie in den Alarmpegel bringt, der deutlich über dem Normalpegel liegt. Die Gesamtmenge der Energie reicht dann nur noch für eine kürzere Lebenszeit.

Die Funktion ist ähnlich eines Akkus, der einen bestimmten Ladezustand hat. Wird der Akku außergewöhnlich stark belastet, reicht seine Kapazität nur noch für eine kürzere Zeitspanne. Dabei sind sowohl die Dauer wie auch die Stärke der Belastung entscheidend. Ist die Belastung nur sehr kurz, wie es bei Engis der Fall war, wird es sich auf die gesamte Akkulaufzeit kaum auswirken.

In dem Moment der Alarmreaktion hat Engis den Speer ergriffen, hat gekämpft und den Säbelzahntigerbraten als Belohnung bekommen. Seine Energie ist schnell wieder auf den Normalpegel zurückgegangen und seine Lebenserwartung hat sich aus energetischer Sicht kaum verändert.

Jens hingegen saß weiter im Auto, fuhr zum Büro und machte seine Arbeit am Schreibtisch. Er hatte keine Zeit bzw. Gelegenheit, den Stress adäquat abzubauen. Er vertraute mehr auf die Zeit. Allerdings verbraucht sich sein Energievorrat schneller als der von Engis, weil sein Alarmpegel erhalten bleibt (rote Kurve in der Abbildung). Hier wird sein „Akku" früher erschöpft sein, als der von Engis.

Im Fluss des Lebens

In der Schule lernte Jens viel Wissenswertes, viel Allgemeinwissen, Spezialwissen, Sozialverhalten und lernte, warum er wann und wo ein Komma setzen muss. Er lernte sehr wenig über sich selbst, über das, was er fühlt, über den Fluss des Lebens, über das Glück. Wer lehrt aber etwas über den Fluss des Lebens? Wer ist dafür zuständig, dass wir etwas über uns selbst lernen? Sind dafür unsere Eltern zuständig? Sind wir letzten Endes nicht selbst dafür verantwortlich?

Durch seinen neuen Weg hat Jens gelernt, auf seine innere Stimme zu hören, auf seine Intuition, auf seinen Instinkt. Das zu lernen bedarf es des eigenen Antriebes. Wenn es nicht im Elternhaus vermittelt wird, ist die eigene Forschung gefragt. Das sollte sowieso so sein, denn das Elternhaus und die Schule bieten Wissen und Informationen, Verhaltensweisen und Sozialisation aus deren Sichtweise an. Was letztendlich der individuelle Mensch, in diesem Beispiel Jens, daraus macht, ist sehr unterschiedlich. Selbst das Wissen darüber, dass wir dem „Mitgegebenen" nicht ausgeliefert sind, ist nicht selbstverständlich.

Wie kann Jens lernen, auf seine innere Stimme zu hören? Die Methoden dazu sind ganz einfach, erfordern aber Übung. Jens ist ein sehr intelligenter Mensch, der gelernt hat, seinen Gedanken, die er oft sehr konzentriert denkt, zu vertrauen. Auf seine anderen Quellen, wie das Herz, die Intuition, den Instinkt hatte er nie vertraut, wusste teilweise nichts von ihnen. Aber durch sein Erlebnis hatte er sich umgesehen, hatte gemerkt, dass es noch etwas anderes geben muss, als die Gedankenwelt, als den Mentalkörper.

Die Gedanken sind für ihn sehr wichtig, denn viele logische Arbeiten kann er mit ihnen erledigen. Auch sind sie ein wichtiges Instrument des Menschen. Es geht nicht darum, die Gedanken zu verdammen, es geht darum, die Gedanken in das komplexe System Mensch mit allen seinen Sinnen zu integrieren, in Einklang zu bringen.

Die Gedanken bauen auf das bisherige Leben, auf die bisherigen Erfahrungen auf. Sie werden im Laufe des Lebens immer weiter verfeinert und bilden so komplexe Strukturen, die bei der Lösung von Herausforderungen sehr hilfreich sind. Nur ist es schwer, völlig neue Strukturen, Gedanken und Ideen zu entwickeln, etwas, was im bisherigen Leben noch nicht aufgetreten war. Großteils kann es durch den Austausch mit anderen Menschen weiter entwickelt werden, aber die wirklich weisen Entscheidungen, die zum Wohle Aller getroffen werden, kommen von Herzen.

Wie komme ich an die Informationen, die mir das Herz gibt?

Zuerst muss der Gedankenstrom unterbrochen werden. Denn der Gedankenstrom ist sehr laut, wie zum Beispiel ein Presslufthammer. Und er ist ständig vorhanden. Wenn dieser Strom unterbrochen wird, kann die leise und weise Stimme des Herzen wahrgenommen werden. Sie ist sehr sanft und liebevoll. Sie wird niemandem schaden, sie wird jedem helfen.

Wie kann ich den Gedankenstrom unterbrechen?

Auch hier ist es wie im Sport und bei der Arbeit: Je öfter geübt wird, desto besser funktioniert es. Und am Besten und einfachsten ist es, zu üben, wenn kein Stress vorhanden ist. Es ist wie beim Marathon-Lauf: Es wird niemand auf die Idee kommen, drei Mal spazieren zu gehen um dann einen Marathon zu laufen.

Jens ist viel feinfühliger, viel sanfter und liebevoller geworden. Er spürt jetzt schon im Vorhinein, wenn etwas auf ihn zukommt und kann Entscheidungen treffen, die weise sind.

Das Leben ist aber auch Wandel. Es bleibt nichts, wie es war, alles ändert sich. Das kann leicht an der Natur gesehen werden. Blumen blühen, verwelken und es entstehen neue Blumen. So ist es auch im Leben eines Menschen. Er ändert sich. Der Mensch wird älter und lernt immer wieder Neues hinzu. Und das Neue fließt automatisch in das Leben mit ein, wenn es zugelassen wird.

Wenn etwas aus der Vergangenheit erzählt wird, werden neue Erfahrungen und Einsichten automatisch hinein projiziert. Damit werden dem Vergangenen neue Sichtweisen hinzugefügt und die emotionale Verknüpfung verändert.

Die Lebensbalance

Das Leben besteht aus Zeiten des Stresses und aus Zeiten der Erholung. Es ist absolut wichtig, diese Zeiten in Balance zu halten. Es ist genauso wenig möglich, sein Leben nur aus Phasen der Erholung zu leben, wie nur aus Phasen des Stresses.

Die Lebensbalance nach Professor Dr. Nossrat Peseschkian beinhaltet die vier Elemente Familie, Gesundheit, Arbeit und Sinn.

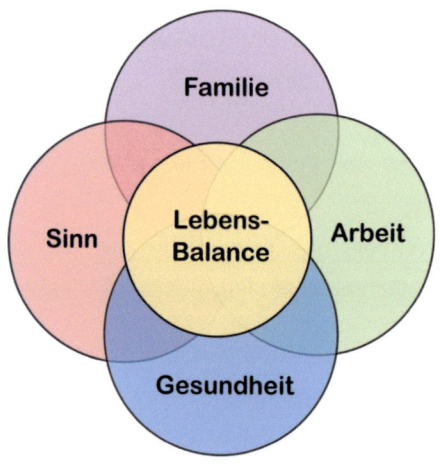

Abbildung:
Lebensbalance nach Prof. Dr. Nossrat Peseschkian,
alle Bereiche greifen ineinander über,
beeinflussen sich gegenseitig

Entspannter Kiefer - Entspannter Körper

Engis Neander und Jens Sapiens

Familie

>	Ehepartner, Lebenspartner, Eltern, Kinder, Enkel und so weiter, auch Freunde und Bekannte

Arbeit

>	eigener Arbeitsplatz, den Arbeitsplatz der Familie und Faktoren wie Selbstständigkeit, angestellt sein, Jobwechsel, Fusion, Verkauf von Firmenanteilen, Leistung, Kollegen, Standort und vieles mehr

Gesundheit

>	die eigene Gesundheit, die Gesundheit der Familie, der Bekannten und Verwandten, der Freunde und der Umwelt

Sinn

>	die eigene Vorstellung vom Sinn des Lebens, die Kultur und Glauben im eigenen Leben und im Lebensumfeld

Die Lebensbalance bedeutet, dass das Leben in diesen Bereichen im Gleichgewicht ist. Es handelt sich sozusagen um das äußere Dreieck: Körper, Geist und Seele sind im Gleichgewicht. Ist zum Beispiel der Arbeitsplatz ein großer Auslöser von Stress, wirkt es sich auf die Familie, die Gesundheit und auf den Sinn des Lebens aus.

Die Kunst des Ausruhens ist ein Teil der Kunst des Arbeitens.
John Steinbeck

Wie wirkt sich Stress auf den Sinn des Lebens aus?

Entspannter Kiefer - Entspannter Körper

Engis Neander und Jens Sapiens

Fragen wir einfach Jens:

„Der Stress war so stark, dass sich meine Gedanken immer wieder nur um die Arbeit drehten. Nach dem Zwischenfall mit dem Autofahrer konnte ich keine klaren Gedanken mehr fassen. Obwohl mir meine Familie das Wichtigste war und ist, reduzierte sich mein Sinn des Lebens immer mehr auf das Geldverdienen. Die Angst, zu versagen und meinen Arbeitsplatz zu verlieren saß mir in den Knochen und im Nacken. Ich zog mich immer mehr zurück. Zusätzlich wurde ich immer wütender. Der Kreislauf begann sich immer schneller zu drehen und wurde immer enger. Ich hatte selbst an den Dingen keine Freude mehr, die mir früher viel Spaß gemacht hatten. Ich hatte am Leben keine Freude mehr.

So konnte es nicht weiter gehen und ich unterzog mich einer Therapie."

Jens gestaltete sein Leben zunehmend aus Phasen des Stresses. Er kam immer seltener in die Phase der Erholung. Zuerst wirkte es sich nur bei seiner Arbeit aus, dann auf seine Familie und schließlich auf seine Gesundheit. Aber durch den unachtsamen Autofahrer hatte er sein Leben geändert und seine Lebensbalance wieder hergestellt.

Wäre das ein guter Grund, sich bei dem Autofahrer zu bedanken, dass „dieser Wink mit dem Zaunpfahl" Jens zum Umdenken, zu Veränderungen bewegt hat?

Was kann Jens selber tun?

Jens kann selbst sehr viel tun. Das Wichtige ist, selbst sein Leben in die Hand zu nehmen.

Therapeuten können dem Patienten helfen, sie auf einem neuen Weg zu begleiten. Der Patient/Klient ist aber immer derjenige, der es tut, der es tun muss.

**Wenn du unter Druck stehst,
weil du viel zu tun hast,
mache erst einmal eine Pause.**
Thich Nhat Hanh

Das Motto „Mach' mich mal gesund" funktioniert nicht. Das, was funktioniert ist, den eigenen inneren Helfer, den eigenen inneren Arzt zu aktivieren.

Um wieder auf Jens zurück zu kommen: Er hat gelernt, sein Leben zu entschleunigen, sich Zeit für sich selber zu nehmen. Ganz besonders hilfreich ist für ihn, sich mit der Natur zu verbinden, z.B. sich eine Blume anzusehen und darin das gesamte Universum zu erblicken. Das klingt im ersten Moment sehr abstrakt, sehr spirituell. Aber wenn die Blume nicht mehr getrennt, sondern im Einklang mit der Natur gesehen wird, wird das vielleicht deutlich.

Weitere Möglichkeiten der bewussten Pause sind: bewusste Atemzüge,Kaminfeuer ansehen, ganz bewusst eine Tasse Tee trinken, ein Haustier streicheln usw.

Durch die Pause kann der Energiespeicher aufgeladen und der Geist beruhigt werden. Dann ist die nötige Energie und Gelassenheit vorhanden, die Arbeit zu erledigen - sie wird dann viel schneller und leichter von der Hand gehen. Mache einfach einmal eine Pause und „schärfe deine Säge", fülle deine Akkus wieder auf.

Eine kleine Geschichte von einem Waldarbeiter:

Ein Waldarbeiter hatte die Aufgabe, Bäume zu fällen. Er machte diese Aufgabe sehr gerne und schaffte auch sein Pensum sehr gut. Aber mit der Zeit wurde das Arbeiten immer schwerer und die Zeit wurde immer knapper, so dass er Überstunden machen musste. Eines Tages kam ein Mann an dem Waldarbeiter vorbei und sah, wie er sich sichtlich abmühte. Der Mann riet dem Waldarbeiter, die Säge schärfen zu lassen, dann würde die Arbeit besser von der Hand gehen. Aber der Waldarbeiter entgegnete, dass er dafür keine Zeit habe, denn er müsse das Pensum schaffen.

Anmerkungen zur Übungspraxis

Wozu ist es notwendig, wenn ich bei einem Therapeuten war, zu Hause weiter zu üben?

Das ist im Grunde ganz einfach: Das Leben haben wir im bestimmten Rhythmus, mit bestimmten Erfahrungen und Vorstellungen gelebt. Im Laufe der Zeit führte es zu Beschwerden. Die Beschwerden sind therapiert, sie sind verschwunden. Aber um den Therapieerfolg lang anhaltend zu sichern, ist eine Umstellung der Gewohnheiten, die zu den Beschwerden führten notwendig. Manchmal rutscht man in die alten Gewohnheiten wieder hinein. Die Übungspraxis bringt uns dazu, das Neue bewusst zu halten und neue Strukturen zu etablieren, die alten eingefahrenen Bahnen zu verlassen. Dazu brauchen wir Übung.

Die Übungen sollten freiwillig geschehen und mit Bewusstsein, mit der ganzen Konzentration. Dann werden sie schnell zur neuen Gewohnheit, zum neuen Leben. Auch wenn wir immer wieder einmal in die alten Strukturen zurück fallen, heißt es, weiter machen, sich nicht entmutigen zu lassen. Es ist schließlich noch kein Meister vom Himmel gefallen.

Während des neuen Weges können Zweifel auftauchen, ob das Neue auch das Richtige sei. Das ist ganz normal. Gewohnte Wege werden verlassen, die bisher Sicherheit gegeben hatten: Der alte Weg war bekannt, aber auch unbequem. Der neue Weg ist unbekannt - und Unbekanntes macht in der Regel Angst. Wenn wir uns darauf einlassen, den neuen Weg zu gehen, die Verbindung zum Herzen schaffen, gehen wir den neuen Weg in Sicherheit und Unbekanntes wird Bekanntes.

Das Leben wird zu einem Abenteuer, das der Mentalkörper noch nicht kennt. Wenn er neugierig ist, will er wissen, was daraus wird. So können wir unseren neuen Weg folgen, gemeinsam mit Körper, Geist und Seele.

Steige aus - steige ein

Ein Therapeut hatte zu Jens gesagt: „Steige aus deiner Verurteilung dir selbst und anderen gegenüber aus. Steige aus dem Schimpfen, dem Erwarten von Unrealistischem dir selbst und anderen gegenüber aus. Steige ein in das Mitgefühl, in das Annehmen, in das Verständnis dir gegenüber. Schaue dir deine Licht- und Schattenseiten an. Beide gehören zu dir, beide formen dich. Akzeptiere sie, nehme sie liebevoll an, so wie sie sind. Erkenne beide Seiten an, denn sie haben dich zu dem gemacht, der du jetzt bist. Wenn dir an diesen Seiten eine Eigenschaft nicht gefällt, es nicht mehr zu dir passt, nimm es, bedanke dich bei dieser Eigenschaft und lasse sie los. Das ist ein Teil deiner Übungspraxis. Das ist das, was dir hilft, ein neuer Mensch zu werden. Das ist das, was du für dich, für deine Familie und deine Umwelt tun kannst.

Erkenne diese wunderbaren Früchte an, die dir gereicht werden, wenn du deinen neuen Weg gehst. Du hast sie verdient, es sind deine Früchte. Schaue dir deine neue Ausstrahlung im Spiegel an. Das bist du.

Lasse uns den neuen Weg gehen."

Martin Luther King wurde um die Beurteilung eines Generals gebeten. Nun erwartete der Fragesteller, der wusste, dass Martin Luther King ein eingefleischter Pazifist war, ein negatives Urteil. Aber das Gegenteil war der Fall. Mr. King lobte diesen General in den höchsten Tönen. Dies verwunderte den anderen zutiefst. Da lächelte Mr. King: "Ich verstehe Ihre Verwunderung. Aber ich kann diesen Mann doch nicht mit meinem Maßstab messen! Und gemessen an dem, was er für gut und richtig hält, ist es fürwahr ein formidabler Mensch!"

von Vera F. Birkenbihl

Jens Sapiens blickt zurück

„Jetzt nach den Behandlungen fühle ich mich viel besser, ausgeglichener, gesünder und habe das Gefühl, dass ich jederzeit genug Energie zur Verfügung habe. Ich habe auch gelernt, mein Leben so einzuteilen, dass genügend Zeit für mich bleibt, meine Energiespeicher wieder aufzuladen. Während der Therapie wurden regelmäßig mein Blutdruck und meine Blutwerte untersucht. So konnte ich meinen körperlichen Fortschritt genau verfolgen. In meiner kinesiologischen Behandlung wurde mir immer klarer, welche Gedankenmuster ich eigentlich hatte. Viele von denen waren schon lange überflüssig, wenn ich heute darüber nachdenke. Über einige muss ich heute schmunzeln.

Wenn ich jetzt bewusst meinen Tag gestalte, fällt mir sofort auf, wann ich wieder in die alten Muster zurück falle und kann dann entsprechende Maßnahmen ergreifen.

Meine Familie profitiert auch sehr davon. Gemeinsam hatten wir mein Problem angenommen und gehen nun gemeinsam den neuen Weg. So haben auch meine Kinder viel davon, denn sie gehen jetzt ganz anders miteinander um.

Jeden Tag nehmen wir uns Zeit für uns. Dann gibt es nichts anderes zu tun, die Arbeit bleibt liegen, sie läuft nicht fort. Was ich auch faszinierend finde, ist: Wenn ich einmal viel zu tun habe und mache vorher eine Pause, trinke zum Beispiel eine Tasse Tee, dass dann die Arbeit viel besser und schneller von der Hand geht. Ich kann es nur jedem empfehlen.

Unsere Nachbarn und Freunde bemerken auch den Unterschied zu vorher. Wir seien viel freundlicher geworden und würden uns auch öfter mit ihnen unterhalten. Das fänden sie sehr gut.

Das ist schön zu hören. Aber noch besser ist, was ich an mir und meiner Familie festgestellt habe: Wir sind seltener krank. Erkältungen kennen wir kaum noch. Und wenn uns doch einmal etwas erwischt hat, dann nehmen wir uns auch die Zeit zur Pflege. Wir bekämpfen die Krankheit nicht, wir pflegen uns und unterstützen unseren Körper, damit er sich besser selber heilen kann. Wenn wir unterschiedlicher Meinung sind, setzen wir uns zusammen und finden gemeinsam eine Lösung.

Das Leben an sich ist auch viel schöner geworden. Die Farben sich viel leuchtender, die Düfte intensiver und das Leuchten in den Augen aller Familienmitglieder viel strahlender geworden. Ganz besonders, wenn ich in die Augen meiner Kinder schaue.

Vielen Dank, lieber Autofahrer, der du mir die Vorfahrt nahmst, damit ich mein Leben ändern konnte."

Blick zurück

In die Therapie von Jens wurde seine Familie mit einbezogen. Sie ist der Halt, die Unterstützung und die Triebkraft für die Veränderung. Sie ist in jedem Moment bei den Veränderungen dabei und kann sie mitmachen. Andernfalls kann es zum Bruch der Familie führen, wie es Geheimnisse zwischen den Partnern oft tun.

„Wir brauchen das Leben nicht so fortzusetzen, wie wir es gestern gelebt haben. Machen wir uns von dieser Anschauung los, und tausend Möglichkeiten laden zu neuem Leben ein."
Zitat aus: Glaube an Gott und binde dein Kamel fest, Nossrat Peseschkian, 2008, Kreuz-Verlag, Seite 99.

Fazit

Um mit Stress umzugehen, müssen wir nicht jedes Mal flüchten oder kämpfen. Das passt nicht mehr in die heutige Zeit. Viel besser ist es, den Umgang mit Stress zu lernen, vorausschauend und im gegenwärtigen Moment zu leben.

Das hört sich im ersten Moment etwas verwirrend an, gleichzeitig vorausschauend und im gegenwärtigen Moment zu leben. Ist es aber nicht. Es ist die Stille in uns, die die Weisheit des Herzens in unser Bewusstsein rückt. Und sie agiert immer vorausschauend und zum Wohle aller.

An Engis und Jens sehen wir, dass die Reaktion des Körpers auf Stress in der Neuzeit die gleiche ist, wie zur Zeit der Säbelzahntiger. Die Physiologie des Menschen hat sich nicht so schnell auf die geänderten Umwelteinflüsse angepasst, wie sich unsere Umwelt verändert hat, wie wir sie selbst verändert haben, ganz besonders in den letzten 150 Jahren.

Der Neuzeitmensch hat sich immer weiter von der Natur weg bewegt, hat den Fluss der Natur, den Fluss des Lebens aus seinem Blick verloren. Die Technik hat in das Leben immer mehr Einzug genommen – was an sich nichts Schlimmes ist, wenn dabei die Natur aus seinem Leben nicht weg gedrängt worden wäre. Es ließe sich wunderbar kombinieren: Die Vorzüge der modernen Technik und die Lebendigkeit der Natur. Der Neuzeit-Mensch wird dabei wieder mit dem Leben verbunden.

Entspannter Kiefer - Entspannter Körper

Engis Neander und Jens Sapiens

Der Stress ist ein Teil von unserem Leben, der uns das Überleben ermöglicht. Er gibt uns in besonderen Situationen die Kraft, sie zu meistern. In den Zeiten der Ruhe können wir regenerieren und für das weitere Leben Kraft sammeln.

Achtsamkeit ist der Weg vom Automatismus zum gegenwärtigen Moment, zum Hier und Jetzt, zum vorausschauenden Handeln. Dann ist das Abwaschen einfach nur das Abwaschen aber mit der vollen Aufmerksamkeit. Das ist Meditation, das ist Stille, das ist Sein, das ist Alltag.

Das Atmen unterstützt uns, wenn wir uns des Einatmens und des Ausatmens bewusst werden. Es erhöht die Achtsamkeit, das Leben im gegenwärtigen Moment und verbindet uns mit dem Leben. Daraus wird Kraft geschöpft.

Gesund ist nicht derjenige, der keine Probleme hat, sondern derjenige, der mit den unerwarteten Überraschungen des Lebens flexibel umgehen kann.
Orientalische Lebensweisheit

Denken ist die Stärke des Menschen, wenn es sinnvoll eingesetzt wird. Verselbstständigt es sich, wird es wie eine CD die immerwährend läuft, dann sind wir in den Gedanken gefangen. Sie sind im Verhältnis zur Sprache des Herzens sehr laut, wie ein Presslufthammer zu einem Flüstern. Diesen Gedankenstrom zu unterbrechen ist der erste Schritt um das Herz wahrzunehmen. Zuerst mag es nicht für eine längere Zeit gelingen, aber mit zunehmender

Übung werden wir immer mehr der Meister der Gedanken. Dadurch können sie sehr produktiv und sinnvoll werden.

In Therapien, die sich mit Traumata befassen, ist es notwendig und auch sehr sinnvoll, die Familie mit einzubeziehen. Sie gibt den Halt, die Unterstützung und die Sicherheit, die benötigt wird. Dadurch wird die lebensnotwendige Brücke für die Beziehung geschlagen.

Die Liebe ist die Brücke zwischen den Menschen. Sie zu pflegen sollte sich jeder die Zeit und die Muße nehmen. Verlieben geht fast von alleine, aber über eine lange Zeit verliebt zu sein, bedarf der Pflege der zarten Pflanze Liebe. Und das ist ein so wunderbares Erlebnis, selbst nach vielen Jahren immer noch verliebt zu sein und es zu zeigen.

Nebenbei bemerkt: Es wurde nachgewiesen, dass Umarmungen zu einer höheren Ausschüttung von Oxytocin führt und damit zu einem niedrigeren Blutdruck.

Und, ganz besonders wichtig:

Sei du selbst die Veränderung, die du dir wünschst für diese Welt.

Mahatma Gandhi

Was hat das alles mit dem Kiefergelenk zu tun?

Diese Frage hatte Jens auch seinem Therapeuten gestellt. Dieser meinte, dass das Spektrum der Erkrankungen, die das Kiefergelenk mittelbar oder unmittelbar betreffen, unter dem Begriff Craniomandibuläre Dysfunktion (CMD) zusammen gefasst werden.

„Es sei ein Chamäleon unter den Erkrankungen, die viele Erscheinungsformen habe", sagte Jens.

Hier gibt es mögliche Beschwerden:
- Schmerzen im Kiefergelenk
- Schmerzen in den Kau- und Gesichtsmuskeln
- Zähneknirschen (Bruxismus)
- fehlerhafter Zusammenbiss
- und vieles mehr.

Neben diesen primären Beschwerden können sowohl Ursache wie auch Wirkung im weiteren Bewegungsapparat zu finden sein, wie zum Beispiel:
- Schulter- und Nackenbeschwerden
- Beschwerden in der Wirbelsäule, Halswirbelsäule (HWS), Brustwirbelsäule (BWS), Lendenwirbelsäule (LWS)
- Becken- und Iliosakralgelenk (ISG)-Beschwerden
- Knie- und Fußbeschwerden
- Augenfehlstellungen
- und vieles mehr

Und wenn das noch nicht genug ist, können die inneren Organe auch noch daran beteiligt sein, wie zum Beispiel auch das Zentrale Nervensystem (ZNS):

- Tinnitus
- Schwindel
- Migräne
- Schlafstörungen
- Trigeminusneuralgie
- und vieles mehr

Was ist CMD?

Wie der CMD-Dachverband schreibt, ist es eine Krankheit mit vielen verschiedenen Gesichtern.

Der Name Craniomandibuläre Dysfunktion setzt sich zusammen aus Cranium (Schädel), Mandibula (Unterkiefer) und Dysfunktion (Fehlfunktion). Die Symptome können sich von Kopf bis Fuß zeigen, wobei das Kiefergelenk nicht sofort ins Auge fallen muss. So können es zum Beispiel das Schulter-Arm-Syndrom, Ischiasbeschwerden oder Kniebeschwerden sein. Vielfach spielen auch psychische Faktoren eine wichtige Rolle.

Wie im Abschnitt Therapieansätze gezeigt, können die physischen, die psychischen und die emotionalen Bereiche nicht getrennt betrachtet werden. Selbst ein Erlebnis das viele Jahre oder auch Jahrzehnte zurück liegt, kann das System Mensch immer noch beeinflussen.

Wie wirkt die Psyche auf das System?

Sinneseindrücke

Wir nehmen auf unterschiedliche Art und Weise die Eindrücke aus der Umwelt auf.

Jens: „Als ich auf die Kreuzung zu fuhr, sah ich im Augenwinkel das andere Auto fahren. Ich nahm es mit den Augen wahr."

Engis: „Als ich aus der Höhle kam, sah ich den Säbelzahntiger, ich roch ihn, ich schmeckte seinen Duft auf der Zunge und ich hörte ihn."

Beide nahmen die Gefahr wahr. Jens war in einem Auto, so dass seine Wahrnehmung auf die Augen und die Ohren beschränkt sind. Viele Autofahrer haben laute Musik an, so dass die Wahrnehmung über die Ohren eingeschränkt ist. Die anderen Sinne sind während des Autofahrens sozusagen auf „Sparflamme".

Die Sinneseindrücke erreichen uns über

- die Augen (visuell),
- die Ohren (auditiv),
- die Bewegung (kinästhetisch),
- die Nase (olfaktorisch) und
- die Zunge (gustatorisch).

Wenn Engis sich frei in der Natur bewegt, erreichen ihn auf allen Wegen die Sinneseindrücke. Filme, die wir uns ansehen, beschränken sich nur auf das Sehen und das Hören. Um alle Sinne gut zu entwickeln, ist es notwendig, dass Kinder so oft wie möglich draußen in der Natur spielen, Erwachsene sich in der freien Natur bewegen, sehen, riechen, schmecken, hören.

Jens: „Als Kind war ich immer draußen, habe viel dort gespielt, mich schmutzig gemacht, habe auch mein Brot, das ich mit hatte und es in den Sand fiel, aufgegessen. Der Sand knirschte zwischen meinen Zähnen. Aber mein Arzt sagte zu mir, dass es immens wichtig für unser Immunsystem ist. Meinen Kindern habe ich auch beigebracht, wie wertvoll das Spielen draußen in der freien Natur ist."

Das limbische System

Das limbische System ist entwicklungsgeschichtlich ein sehr alter Teil des Gehirns. Ihm wird unser Überleben zugeschrieben, wie die Nahrungsaufnahme, Fortpflanzung, Lernen, Emotionen und Gedächtnis. Durch dieses System „müssen alle Sinneseindrücke durch" - bis auf das Riechen, den olfaktorischen Sinneseindruck. Das Riechen geht sozusagen an diesem System vorbei. Deshalb kann ein Duft auch sehr schwer beschrieben werden. Viele Düfte werden von uns auch gar nicht wahrgenommen, wie die Pheromone, die uns trotzdem beeinflussen.

Da im limbischen System unsere Emotionen verarbeitet werden, werden Sinneseindrücke verarbeitet und verglichen mit bekannten „Werten". Diese Werte stammen aus der Vergangenheit, nicht nur aus unserer eigenen, sondern wie aus der Biografiearbeit bekannt, auch aus den Erfahrungen unserer Eltern und Großeltern. Sigmund Freud bezeichnete diesen Vorgang als „Gefühlserbschaft".

Entspannter Kiefer - Entspannter Körper

Engis Neander und Jens Sapiens

Die Epigenetik beschreibt die Weitergabe von erworbenem Wissen durch Vererbung. Jean Baptiste de Lamarck hatte schon um 1800 auf seine Weise die Arttransformation beschrieben. Mit Arttransformationen werden Veränderungen einer Spezies bezeichnet, die durch Lebenserfahrungen erworben werden, die letztendlich auch die physische Erscheinungsform verändern. Er wurde nicht ernst genommen, wurde aber durch die Epigenetik bestätigt, dass äußere Einflüsse durchaus die Vererbung beeinflussen. Untersuchungen dazu hatte auch Florian Holsboer nach den Ereignissen am 11. September 2001 durchgeführt und festgestellt, dass es bei traumatisierten gegenüber nicht traumatisierten Menschen durch dieses Ereignis zu epigenetischen Veränderungen führte.

Der sehr große Vorteil des limbischen Systems ist, dass auf die Situationen des Alltags entsprechend reagiert werden kann. So wird leicht erkannt, wenn andere verärgert oder freudig gestimmt sind, auch ohne geschulte Therapeuten zu sein.

Bewusstes Denken

Unser bewusstes Denken - ein vielfältiges Thema, dass hier nur kurz angerissen werden kann.

Was gedacht wird, hängt von vielen Faktoren ab, wie zum Beispiel von dem, was von der Geburt mitbekommen wurde (Sigmund Freud: Gefühlserbschaft). Es hängt ab, von den Menschen, mit denen man zusammen ist und war, als Freunde, Schüler, Studenten, Auszubildende und so weiter. Von den LehrerInnen, von dem, was in den Medien angesehen, angehört, in welcher Umgebung das getan wird, wie die Stimmung in dem Moment ist, vom religiösen Glauben.

Jens: „Jetzt verstehe ich, warum ich mich in manchen Situationen aufrege und andere Menschen - sage ich mal - das völlig kalt lässt. Bisher dachte ich immer, alle müssten gleich empfinden. Aber das ist überhaupt nicht so. Dadurch verstehe ich den Spruch: 'Etwas durch die eigene Brille sehen'."

Gefühle

Die Gefühle sind weiter oben schon angerissen worden, beeinflussen unsere Art und Weise, wie wir innerlich wie äußerlich reagieren.

Die Gefühlswelt setzt sich zusammen aus dem, was
- aus der Gefühlserbschaft mitgebracht wurde,
- in dem Leben gelernt wurde, an Normen, Verhaltensregeln, was gut und schlecht ist und
- in welcher Kultur der Mensch aufwächst,
- vom religiösen Glauben.

Verhalten nach innen und außen

Jens: „Wenn das so ist, dann reagiert jeder Mensch auf seine Weise, so wie er es gelernt hat, wie es ihm beigebracht wurde, wie der Mensch in den Situationen entschieden hat - sowohl nach außen, wie auch nach innen."

Auch hier wird die Reaktion wieder aus den erlernten Mustern gelebt: Es wird herausgelassen, heruntergeschluckt, cholerisch darauf reagiert, bewusst sanft und liebevoll auf den Anderen zugegangen, innerlich verkrampft oder locker. Es wird auf der Basis der Persönlichkeit bewertet und gehandelt, aus Erinnerungen, Erfahrungen, Meinungen, Weltanschauungen, Annahmen und Überzeugungen. So ist die

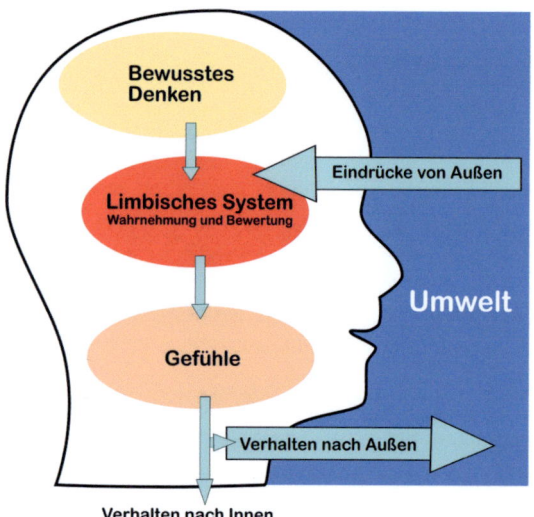

Abbildung: Verhaltensmodell

Bewertung auch nach religiöser Anschauung unterschiedlich.

Entspannter Kiefer - Entspannter Körper

Engis Neander und Jens Sapiens

Die drei Siebe

Eines Tages kam ein Bekannter zum griechischen Philosophen Sokrates gelaufen.

„Höre, Sokrates, ich muss dir berichten, wie dein Freund ...."

„Halt ein", unterbrach ihn der Philosoph. „Hast du das, was du mir sagen willst, durch drei Siebe gesiebt?"

„Drei Siebe? Welche?", fragte der andere verwundert.

„Ja! Drei Siebe! Das erste ist das Sieb der Wahrheit. Hast du das, was du mir berichten willst, geprüft ob es auch wahr ist?"

„Nein, ich hörte es erzählen, und ..."

„Nun, so hast du sicher mit dem zweiten Sieb, dem Sieb der Güte, geprüft. Ist das, was du mir erzählen willst - wenn es schon nicht wahr ist - wenigstens gut?" Der andere zögerte. „Nein, das ist es eigentlich nicht. Im Gegenteil ..."

„Nun", unterbrach ihn Sokrates, „so wollen wir noch das dritte Sieb nehmen und uns fragen ob es notwendig ist, mir das zu erzählen, was dich so zu erregen scheint."

„Notwendig gerade nicht ..."

„Also", lächelte der Weise, „wenn das, was du mir eben sagen wolltest, weder wahr noch gut noch notwendig ist, so lass es begraben sein und belaste weder dich noch mich damit."

Quelle: https://www.sinnige-geschichten.de/archiv/sinnige-geschichten/die-drei-siebe/

Zu guter Letzt

Studien

Studien gibt es sehr viele. Hier werden nur einige vorgestellt. Zu finden sind sie im US National Library of Medicine und National Institutes of Health.

> **Sage deinem Gott nicht, dass du ein großes Problem hast, sage deinem Problem, dass du einen großen Gott hast.**
> *Rumi*

Gerd Kempermann hat viele Untersuchungen über das Wachstum der Nervenzellen im Zentralen Nervensystem mit erstaunlichen Ergebnissen durchgeführt.

„Es gibt Schlüsselelemente, um die Neurogenese beim Erwachsenen zu stimulieren. Das Alter scheint dabei keine konstante, dramatische Rolle zu spielen. Die Selbstregulierung der Neurogenesis kann sich dem Bedarf oder der Situationen anpassen. Der sehr komplexe Regelmechanismus ist allerdings anfällig für Störungen, besonders im Bereich des Hippocampus."
Quelle: www.pubmed.gov

Gerd Kempermann und Fred Gage untersuchten 1999, ob in dem Gehirn erwachsener Menschen noch Nervenzellen wachsen. Sie stellten fest, dass im Hippocampus, dem Seepferdchen, bis zu 60.000 Nervenzellen pro Tag wachsen.

„Es gibt sehr viele Nervenbahnen, die vom Hippocampus zum Kleinhirn (Cerebellum) und zurückführen. Das Cerebellum ist hauptsächlich für die Motorik, die Koordination und das Erlernen der Bewegungsabläufe zuständig. Zusätzlich unterstützt es bei höheren kognitiven Prozessen, wie das Rechnen, das Erinnern, das Nachdenken und das Entscheiden und Planen, wenn eine höhere Hirnleistung gefordert wird.

Zusammen mit Henriette van Praag untersuchten sie an Mäusen, wie die Neurogenese beeinflusst werden könnte. Dabei wurden viele Faktoren berücksichtigt. Als Ergebnis kam heraus, dass besonders die Bewegung das Wachstum positiv beeinflusst.

Das Gehirn ist sehr plastisch. Dazu gehört auch die Neubildung von Nervenzellen auch im Gehirn von Erwachsenen und sehr alten Menschen. Unter normalen Bedingungen werden diese im Hippocampus und im olfaktorischen Bereich gebildet. Im Hippocampus werden neuronale Stammzellen gebildet."
Quelle: www.pubmed.gov

Eine weitere Studie von DF. Hawley und JL. Leasure beschreibt den Einfluss von chronischem, unerwartetem Stress auf den Hippocampus. Als Ergebnis wurde festgestellt, dass in bestimmten Bereichen die Anzahl der Zellen zurückgehe.
Quelle: www.pubmed.gov

Meditation

Meditation ist nicht nur stilles sitzen im Lotussitz, es kann auch das Abwaschen, das Bügeln oder das Spazierengehen sein. Die unterschiedlichen Techniken sprechen die unterschiedlichen Menschen an. Wer sich gerne bewegt, bevorzugt möglicherweise die aktiven Meditationen wie Yoga, Qi-Gong, Kampfkunst, Geh-Meditation, Tanz und so weiter. Für Menschen, die gerne still sitzen, bietet sich vielleicht die Ruhe- und Stillemeditationen an. Des Weiteren werden Konzentrations- und Achtsamkeitsmeditationen angeboten, wie Rezitationen und Transzendentale Meditation. Selbst wenn ein Arbeiter am Fließband immer wieder dieselben Arbeiten macht, so kann das auch als Meditation durchgeführt werden. Auch das Beten des Rosenkranzes, der Gebetskette, kann als eine Meditation angesehen werden. Die 59 Kugeln werden immer im gleichen vorgegebenen Rhythmus gebetet, wodurch sich innere Stabilität einstellen kann.

In einer Studie der Universität Pavia wurde herausgefunden, dass Rosenkranzgebete und Yoga-Mantren positive psychologische und physiologische Effekte hervorrufen können.
(2001, Bernardi L, Sleight P, Bandinelli G, Cencetti S, Fattorini L, Wdowczyc-Szulc J, Lagi A., www.pubmed.gov)

Glossar

A

ACTH - Adrenocorticotropes Hormon - regt die Nebennierenrinde an, Glukokortikoide auszuschütten

Abduktion - Kieferöffnung

Adduktion - Kieferschluss

adrenal cortex - Nebennierenrinde

adrenal medulla - Nebennierenmark

Adrenocorticotropes Hormon - ACTH - regt die Nebennierenrinde an, Glukokortikoide auszuschütten

Allergene - eine Allergie auslösende Substanz, wie z.B. Pollen, Gluten, Hausstaub etc.

Allergie - überschießende krankhafte Abwehrreaktion des Immunsystems auf bestimmte harmlose Allergene

Amygdala - Mandelkern, Corpus amygdaloideum

Atlas - erster Halswirbel

Articulatio temporomandibularis - Kiefergelenk

äußerer Flügelmuskel - Musculus pterygoideus lateralis

Axis - zweiter Halswirbel

B

Bach-Blüten   Edward Bach, 24.09.1886 - 27.09.1936, englischer Arzt, entwickelte die Bach-Blütentherapie

Zum Beispiel Rescue Tropfen enthalten:

Cherry Plum - harmonisierend bei innerer Anspannung,

Clematis - bei Neigung zu geistiger Abwesenheit,

Impatiens - harmonisierend bei psychischem Stress und Unruhe,

Rock Rose - Wohltuend bei Verzweiflung und Panik,

Star of Bethlehem - Ausgleich der inneren Balance

B-Zellen - B-Lymphozyten, Leukozyten (weiße Blutkörperchen)

B-Lymphozyten - wichtige Funktion in der Immunabwehr

Backenmuskel - Musculus buccinator - Trompetermuskel

Bandscheibenvorfall - Diskushernie

Blutzucker - Glukose

Brain Gym®

Dr. Paul Dennison

Aus den Erkenntnissen der Psychologie, der Gehirnforschung, der Optometrie und der Kinesiologie hat Dr. Paul Dennison 26 Übungen entwickelt. Sie umfassen unter anderem die Integration der rechten und der linken Gehirnhälfte, zum Beispiel durch die Überkreuzbewegung oder die liegende Acht.

Brain-Gym® wird weltweit gelehrt und sehr erfolgreich angewendet.

Brustbein - Sternum

Brustwirbelsäule - Vertebrae thoracica - BWS

Brust-Zungenbein-Muskel - Musculus sternohyoideus

Bruxismus - Zähneknirschen

Burnout-Syndrom Zustand ausgesprochener Erschöpfung Es gibt sehr viele Ursachen, wie selbst gesteckte Ziele, Helfersyndrom, ADHS, soziale Ursachen, gesellschaftliche Ursachen, Überlastung etc.

Zur Vorbeugung eignen sich ganzheitliche Konzepte. Klar werden sollte man sich auch über die Fragen: „Wer bin ich?" und „Was will ich und wie erreiche ich es?". Aber man sollte sich auch selbst hinterfragen, ob der eingeschlagene Weg der richtige ist.

Zur Behandlung werden sehr unterschiedliche Konzepte angeboten, die immer auf jeden einzelnen Menschen individuell abgestimmt sein sollen.

BWS - Brustwirbelsäule

C

Cartilago thyroidea - Schildknorpel

Cerebellum - Kleinhirn

Chi - Bezeichnung der Lebensenergie aus dem Chinesischen, auch Qi oder Ki (japanisch) geschrieben

Clavicula - Schlüsselbein

CMD - craniomandibuläre Dysfunktion

Corpus amygdaloideum - Amygdala, Mandelkern

Corticotropin-Releasinghormon - CRH - regt die Hypophyse an, ACTH auszuschütten craniomandibuläre Dysfunktion - CMD

CRH - Corticotropin-Releasinghormon - regt die Hypophyse an, ACTH auszuschütten

D

Dens axis - Zapfen, verbindet den zweiten mit dem ersten Halswirbel

Diencephalon - Zwischenhirn, liegt zwischen Mittelhirn und Endhirn

Discus articularis - Gelenkscheibe

Discus intervertebralis - Zwischenwirbelscheibe

Diskushernie - Bandscheibenvorfall

distal - vom Körperzentrum weg

Distress - sogenannter negativer Streß

dorsal - rückenseits, am Rücken gelegen

Drogen - Der Begriff stammt etymologisch vom Niederländischen droog ab. Mit Droog wurden getrocknete Pflanzenprodukte, wie Tee und Gewürze bezeichnet.

E

EFT - siehe unter Klopfen

Emotionalkörper - Träger der Gefühle, der Emotionen und der Charaktereigenschaften, er ist für sensitive und hellsichtige Menschen sicht- und fühlbar.

Energetischen Psychologie – siehe unter Klopfen, EFT, MET, TFT

Enterisches
Nervensystem (ENS)

Das Enterische Nervensystem ist ein Teil des Nervensystems, ein komplexes Geflecht, das fast den gesamten Magen-Darm-Trakt

durchzieht. Es besitzt etwa viermal mehr
Neuronen als das Rückenmark.

Epigenetik - Teilgebiet der Biologie, untersucht die Veränderung der
Aktivität des Genoms
Epiphyse - Zirbeldrüse, Glandula pinealis produziert bzw. setzt das
Hormon Melatonin frei
erster Halswirbel - Atlas
etc. pp. - und so weiter, und so fort
Eustress - sogenannter positiver Streß
Ethologie - Verhaltensforschung
Evidenz - Gewissheit

F

Flügelfortsatz - Processus pterygoideus - entspringt zwischen
Keilbeinkörper und großen Keilbeinflügel
Flügelmuskel, äußerer - Musculus pterygoideus lateralis
Flügelmuskel, innerer - Musculus pterygoideus medialis
Foramen intervertebrale - Zwischenwirbelloch

G

Gefühlserbschaft - von Sigmund Freud geprägter Begriff der
Vererbung der Gefühle
Gelenkscheibe - Discus articularis
Genom - Erbgut eines Lebewesens
Gewissheit - Evidenz
Glandula pinealis - Epiphyse, Zirbeldrüse, produziert bzw. setzt das
Hormon Melatonin frei
Glandula suprarenalis - Nebenniere

Glukose - Blutzucker

großer Jochbeinmuskel - Muskulus zygomaticus major

H

Halswirbel, erster - Altas

Halswirbel, zweiter - Axis

Halswirbelsäule - Vertebrae cervicales - HWS

Hinterhauptbein - Os occipitale

Hippocampus - Seepferdchen - das Zentrum des Lernens

Hirnangangdrüse - Hypophyse

Hirnnerven	Die 12 Hirnnerven entspringen dem Stammhirn. Sie zählen zum peripheren Nervensystem und haben motorische und/oder sensorische Funktionen.

I.	Nervus olfactorius - Geruch, Geschmack
II.	Nervus opticus - Sehnerv
III.	Nervus oculomotorius - Augen- und Augenlidbewegung; Anpassung an die Entfernung
IV.	Nervus trochlearis - oberer schräger Augenmuskel
V.	Nervus trigeminus (Nervus ophtalmicus, Nervus maxillaris, Nervus mandibularis und Radix motoria) - sensorisch: Gesichtshaut, motorisch: Kaumuskeln, Gaumen, Schlund

VI.	Nervus abducens - äußere gerade Augenmuskeln
VII.	Nervus facialis - sensorisch: vorderer Teil der Zunge, motorisch: mimische Gesichtsmuskeln
VIII.	Nervus vestibulocochlearis - Gleichgewichtsorgan (Vestibulum) und Gehörschnecke (Cochlea)
IX.	Nervus glossopharyngeus - sensorisch: hinterer Teil der Zunge, weicher Gaumen, Pharynx und Schlund, motorisch: Schlund
X.	Nervus vagus - sensorisch: Eingeweide, motorisch: Kehlkopf, Rachen, Eingeweide
XI.	Nervus accessorius - Nacken (Kopfdreher) und Achsel; Ergänzung des Vagus
XII.	Nervus hypoglossus - Zunge

Quelle: www.ims.uni-stuttgart.de

| Homöopathie | Samuel Hahnemann (1755 - 1843), deutscher Arzt und Chemiker. Homöopathie bedeutet etwa "Ähnlich dem Leiden". |

Beispiele (Auszug):

Ignatia

Name: Ignatia, Ign., Ignatiusbohne
Potenzierung, typisch: D6 - D12
Typische Anwendungsgebiete:
Ignatia wirkt bei einem weiten emotionalen
Symptombild, das mit nervösen Störungen
und Verstimmungszuständen beschrieben
werden kann, also z.B. Kopfschmerzen,
nervöse Zuckungen, Beschwerden mit der
Verdauung.
Mit Bezug zu zentralem Nervensystem und
psychischen Ereignissen

Aconitum

Name: Aconitum, Acon., Blauer oder echter
Eisenhut, Sturmhut
Potenzierung, typisch: D4 - D12
Typische Anwendungsgebiete:
Bei Angst und Beklemmung, Panikattacken,
der Betroffene hat erweiterte Pupillen,
Glieder sind taub, es besteht Todesangst.
Der Betroffene will alleine sein, ist
menschenscheu.

Quelle: www.homoeopathie-homoeopathisch.de

HWS - Halswirbelsäule - Vertebrae cervicales

Hypertonus, muskulär - zu hohe Spannung der Muskulatur

Hypoglykämie - Unterzuckerung

Hypophyse - Hirnangangdrüse

Hypothalamus - Steuerzentrum des vegetativen Nervensystems

Hypotonus, muskulär - zu geringe Spannung der Muskulatur

I

innerer Flügelmuskel - Musculus pterygoideus medialis

Instinkt

Naturtrieb, Verhaltensforschung (Ethologie): angeborene, zweck- und zielgerichtete und artspezifische Verhaltensmuster.

Intuition

das unmittelbare Gewahrwerden des Sachverhalts in seinem Wesen, oft begleitet von dem Gefühl der Gewissheit (Evidenz)

J

Jochbein - Os zygomaticum

Jochbeinmuskel, großer - Musculus zygomaticus major

Jochbeinmuskel, kleiner - Musculus zygomaticus minor

K

Kabbala - die mystische Tradition des Judentums, die Wurzeln der Kabbala finden sich in der Tora, der Heiligen Schrift des Judentums.

Katecholamine - Nebennierenmark: Adrenalin, Noradrenalin und Dopamin

Kaumuskel - Musculus masseter

Kehlkopf - Larynx

Ki - (japanische Bezeichnung für Chi, Qi) Bezeichnung der Lebensenergie aus dem Chinesischen

Kiefergelenk - Articulatio temporomandibularis

Kieferöffnung - Abduktion

Kieferschluss - Adduktion

Kinesiologie

Dr. George Goodheart, amerikanischer Chiropraktiker

griechisch für Bewegung, ca. 1964 entwickelt

Das Werkzeug ist der Muskeltest Übersetzt heißt es „Lehre aus der Bewegung". Kinesiologie ist ein ganzheitliches Verfahren, bei dem das individuelle Potenzial des Einzelnen gefördert wird. Die Selbstheilungskräfte werden angeregt indem die Körperenergien ins Gleichgewicht (Balance) gebracht werden. Es gibt sehr viele Kinesiologierichtungen, angefangen bei den bereits sehr verbreiteten Methoden wie Touch for Health und pädagogische

Kinesiologie bis hin zur Transpersonalen
Kinesiologie, die auf das spirituelle
Wachstum des Menschen ausgerichtet ist.

Kinn-Zungenbein-Muskel - Musculus geniohyoideus

Klopfen

Bekannt als EFT, MET, TFT. Das Klopfen gehört
zur Energetischen Psychologie.

TFT
Thought field Therapy oder
Gedankenfeldtherapie von Dr. Roger Callahan

EFT
Emotional Freedom Techniques von Gary
Craig

MET
Meridian-Energie-Technik von Regina und
Rainer Franke

kleiner Jochbeinmuskel - Muskulus zygomaticus minor
Kleinhirn - Cerebellum
Kortikoide - Nebennierenrinde: Kortikoide, Aldosteron

L

Larynx - Kehlkopf
Lautbalance - bekannt aus der Kinesiologie, dem Touch for Health
Lendenwirbelsäule - LWS
Leukozyten - B-Zellen, B-Lymphozyten (weiße Blutkörperchen)
Ligamentum temporomandibulare - schränkt die Bewegung des
Unterkiefers nach dorsal ein

Ligamentum sphenomandibulare - steht in Verbindung mit Musculus pterygoideus lateralis und Musculus pterygoideus medialis

Ligamentum pterygospinale - Band zwischen Spina ossis sphenoidalis und Processus pterygoideus

limbisches System - entwicklungsgeschichtlich sehr alter Teil des Gehirns, wird unserem Überleben zugeschrieben

LWS - Lendenwirbelsäule

lymphatisches Organ - Thymus

M

Makrophagen - zählen zu den Fresszellen (Phagozyten) und sind Leukozyten

Mandelkern - Amygdala, Corpus amygdaloideum

Mandibula - Unterkiefer

Maxilla - Oberkiefer

Melatonin - Regelung des Tag-Nacht-Rhythmusses bzw. des Schlaf-Wach-Rhythmusses

Mentalkörper - Träger unserer Gedanken, Ideen, der rationalen und intuitiven Erkenntnisse

MET - siehe unter Klopfen

Musculus buccinator - Backenmuskel

Musculus digastricus - zweibäuchiger Muskel

Musculus geniohyoideus - Kinn-Zungenbein-Muskel

Musculus masseter - Kaumuskel

Musculus mylohyoideus - Unterkiefer-Zungenbein-Muskel

Musculus omohyoideus - Schulter-Zungenbein-Muskel

Musculus pterygoideus lateralis - äußerer Flügelmuskel

Musculus pterygoideus medialis - innerer Flügelmuskel

Musculus sternohyoideus - Brust-Zungenbein-Muskel

Musculus temporalis - Schläfenmuskel

Musculus thyrohyoideus - Schildknorpel-Zungenbein-Muskel

Musculus trapezius - Trapezmuskel

Muskulus zygomaticus major - großer Jochbeinmuskel

Muskulus zygomaticus minor - kleiner Jochbeinmuskel

N

Nebenniere - Glandula suprarenalis

Nebennierenmark - adrenal medulla

Nebennierenrinde - adrenal cortex

Nervensystem - Enterisches Nervensystem - Teil des vegetativen
Nervensystems, komplexes Geflecht von Nervenzellen, die fast den
gesamten Magen-Darm-Trakt durchziehen

Nervensystem - Parasympathikus - Teil des vegetativen
Nervensystems, für die unwillkürliche, nicht dem Willen unterliegende
Steuerung der meisten inneren Organe und des Blutkreislaufs

Nervensystem - Sympathikus - Teil des vegetativen Nervensystems,
erhöht die nach außen gerichtete Handlungsbereitschaft

Neurogenese - Bildung von Nervenzellen aus Stamm- bzw.
Vorläuferzellen

Neurostrukturelle Integrationstechnik - NST - von Michael Nixon-Livy
entwickelt

Neurotransmitter - Botenstoffe, die die Information von einer
Nervenzelle zur anderen über die Synapse weitergeben.

NST	Neurostrukturelle Integrationstechnik - Michael Nixon-Livy Die Neurostrukturelle Integrationstechnik NST baut auf die Methode von Thomas Ambrosius Bowen auf. Er war überzeugt, dass sich der Körper selbst regulieren kann,

wenn muskuläre Dysbalancen aufgelöst werden. Dazu werden Impulse gesetzt, die das Nervensystem anregen, den Körper neu auszurichten.

Eine der Theorien, die dahinter stecken, besagen, dass das Gehirn ein Schema abgespeichert hat, wie die Muskeln in einem gesunden und aktiven Menschen aussehen sollten. Im Alltagsleben werden nicht alle Muskeln gleichmäßig benutzt. Da das Gehirn sehr ökonomisch arbeitet, „vergisst" es Muskeln, die nicht benutzt werden und „kümmert" sich viel mehr um Muskeln, die sehr stark beansprucht werden. Durch das Überrollen über die Muskeln wird ein Signal an das Gehirn gesendet, das ihm mitteilt, um welchen Muskel es sich handelt und welchen Tonus er gerade hat. Durch diesen Impuls vergleicht das Gehirn den aktuellen Zustand des Muskels mit dem im Schema abgespeicherten Wert. Stimmen sie nicht überein, dann wird der Muskel „nachgeregelt". Dieser Prozess kann noch mehrere Tage nach der Behandlung andauern. Es wird dabei nicht nur die körperliche, sondern auch geistige und seelische Ebene angesprochen.

Die Neurostrukturelle Integrationstechnik

wird von Michael Nixon-Livy weiter
entwickelt und gelehrt.

O

Oberkiefer - Maxilla
Os hyoideum - Zungenbein
Os occipitale - Hinterhauptbein
Os temporale - Schläfenbein
Os zygomaticum - Jochbein

P

Parasympathikus - siehe unter vegetativem Nervensystem
Ph.D. - philosophiae doctor, wissenschaftlicher Doktorgrad
Pheromone - Überträgerstoff zwischen Individuen innerhalb einer Art
Physischer Körper - der Körper, der berührt werden kann
Prana - Bezeichnung der Lebensenergie aus dem Indischen
Processus pterygoideus - Flügelfortsatz - entspringt zwischen
Keilbeinkörper und großen Keilbeinflügel
proximal - zum Körperzentrum hin

Q

Qi - (Chi, japanisch auch Ki) Bezeichnung der Lebensenergie aus dem
Chinesischen

Quantenheilung   Quantenheilung, Zwei-Punkte-Methode
Was sind Quanten? Was ist die
Heisenbergsche Unschärferelation (dazu
auch Kopenhagener Deutung)? Was hat es
mit Schrödingers Katze auf sich?

„Dies sind Fragen, welche von ganz grundlegender, fundamentaler Bedeutung sind, und zwar nicht nur für die Physik allein, sondern auch in erheblichem Maße für unser allgemeines Bild von der Welt und dem Wesen der Natur, für unser beständiges Vertrauen in den gesunden Menschenverstand und die Erkenntnisfähigkeit des Menschen an sich."
Zitat aus:
Silvia Arroyo Camejo, Skurrile Quantenwelt, Seite 2.

Es gibt viele Abhandlungen und Forschungen über die Quantentheorie, die auch in das Gesundheitswesen Einzug findet. Ein sehr spannendes Thema, eine sehr spannende Methode.

Interessant in diesem Zusammenhang ist auch der Doppelspaltversuch bzw. das Doppelspaltexperiment (siehe z.B. bei YouTube).

Quantenheilung wurde schon in den 80er Jahren von Deepak Chopra in seinem Buch „Quantum Healing" beschrieben.

Eine nähere Erläuterung dieses Themas würde den Rahmen des Buches bei weitem sprengen. Viele gute Bücher bieten weitere

Informationen an, wie zum Beispiel das
Buch von Silvia Arroyo Camejo.

R

Rafferty Energy System of Easing the Temporomandibular joint -
R.E.S.E.T.

regulatorische T-Zellen - verhindern überschießende Angriffe auf
gesunde Körperzellen

R.E.S.E.T.   Philip Rafferty

Durch dieses einfache und sanfte System wird
die Muskulatur rund um das Kiefergelenk
entlastet. Wie oben schon erläutert, steht das
Kiefergelenk mit vielen unterschiedlichen
Bereichen des Körpers in unmittelbarem und
mittelbarem Kontakt. Das Kiefergelenk kommt
wieder in Balance und dadurch balanciert sich
der gesamte Körper.

Es ist eine energetische Methode, die von
Philip Rafferty entwickelt wurde. R.E.S.E.T. heißt
Rafferty Energy System of Easing the
Temporomandibular joint, übersetzt: Rafferty
Energie System zur Entlastung des
Kiefergelenkes.

Retikuläres Aktivierungssystem (RAS) - im Stammhirn angesiedelte
Funktion um das Großhirn auf Informationen vom Thalamus und der
Umgebung vorzubereiten

Rückenmarksnerven - Spinalnerven

Ruhetonus - Spannungszustand z.B. der Muskulatur in Ruhe

S

Säbelzahntiger   Machairodontinae
Er ist im eigentlichen Sinne kein Tiger,
sondern eine Katze. Fleischfresser,
Schulterhöhe etwa 1,2 Meter.

Scapula - Schulterblatt

Schildknorpel - Cartilago thyroidea

Schildknorpel-Zungenbein-Muskel - Musculus thyrohyoideus

Schläfenbein - Os temporale

Schläfenmuskel - Musculus temporalis

Schlüsselbein - Clavicula

Schüßler-Salz   Dr. Wilhelm Heinrich Schüßler, 21.08.1821 -
30.03.1898, homöopathischer Arzt
Wilhelm Heinrich Schüßler hat die Schüßler
Salze zu Therapiezwecken entwickelt, weil
ihm die Liste der homöopathischen Mittel
zu lang sei (so die Überlieferung). Er hatte
zwölf Stoffe gefunden, die im menschlichen
Körper vorkommen. Er hatte sie aufbereitet
und nannte sie „Biochemie". Später kamen
noch Zusatzmittel hinzu.

Drei Beispiele (Auszug aus dem vielfältigen
Wirkungsspektrum der Mittel):

Calcium phosphoricum, Nr 2

Knochen und Zähne

Stärkungsmittel, stützt die Knochen,

stabilisiert sie

Kalium phosphoricum, Nr. 5

Nerven

löst Erregungszustände, Gedanken

verbrauchen Kalium phosphoricum und

beeinflussen unsere Empfindungen

Magnesium phosphoricum, Nr. 7

Muskeln

entspannt nicht nur die Muskulatur,

sondern gleichzeitig auch auf der geistigen

und seelischen Ebene.

Alle drei zusammen eingenommen in

warmem Wasser können den Raum für die

innere Entfaltung schaffen.

Schulterblatt - Scapula

Schultergürtel - Der Schultergürtel (Schulterblatt, Schlüsselbein,

Rabenbein) verbindet die vorderen Extremitäten (Arme) mit dem

Rumpf.

Schulter-Zungenbein-Muskel - Musculus omohyoideus

Seepferdchen - Hippocampus - das Zentrum des Lernens

Sensibilitäts-
störungen

HWK: Halswirbelkörper

HW: Halswirbel

BW: Brustwirbel

C5 - HWK: HW 4/5

Schulter und Oberarm

C6 - HWK: HW 5/6

Daumen

C7 - HWK: HW 6/7

Zeige- und Mittelfinger

C8 - HWK: HW 7/BW 1

Ringfinger und kleiner Finger

Skoliose - Wirbelsäulenverkrümmung

Somatisches Nervensystem - dem Willen unterworfene Steuerung z.B.

der Motorik (siehe auch vegetatives Nervensystem)

Spina ossis sphenoidalis - Knochenspitze des großen Keilbeinflügels

Spinalnerven - Rückenmarksnerven

Stammzellen - Sie können unterschiedliche Zellen ausdifferenzieren.

Aus ihnen können Tochterzellen hervor gehen, die Stammzellen sind,

aber schon eine Ausdifferenzierung beinhalten.

Sternum - Brustbein

Stress

Hans Selye, 26.01.1907 - 16.10.1982,

Mediziner

Er entwickelte die Grundlagen zur

Stressforschung und definierte diesen
Begriff.

Stress gehört zu unserem Leben dazu. Er
kann die Energie für die anstehenden
Aufgaben liefern. Bleibt er aber dauerhaft,
dann kann er Krankheitsursache sein, von
z.B. Burnout.

Sympathikus - siehe unter vegetativem Nervensystem

Synapse - Kontaktstelle der Nervenzellen

T

T-Zellen - Immunabwehr, Lymphozyten

T_H1-Zellen - gehört zu den T-Helfer-Zellen, intrazelluläre Pathogene,
Abwehr von Erregern

T_H2-Zellen - gehört zu den T-Helfer-Zellen, extrazelluläre Pathogene,
beeinflussen B-Lymphozyten

T-Killerzellen - zerstören die kranke Zelle

T-Helferzellen - schlagen Alarm, locken zusätzliche Immunzellen an

Talmud

Das Wort "Talmud" kommt aus dem
Hebräischen und bedeutet wörtlich soviel wie
"Studium" oder "Lehre". Er wird manchmal
auch "Shisha Sedarim" (sechs Ordnungen)
genannt. Dies nimmt Bezug auf die sechs
Ordnungen der Mischna. Für alle praktischen
Angelegenheiten ist der Talmud das

wichtigste jüdische Gesetzeswerk ...

Quelle:

http://www.judentum-projekt.de/religion/talmud/

TfH
Touch for Health

TfH, Touch for Health, ist ein Teilbereich aus der Kinesiologie, mit dem die Meridiane ausgeglichen werden können. Es werden die chinesische Energielehre mit westlichen Methoden in wunderbarer Weise verbunden.

TFT - siehe unter Klopfen

Thymus - lymphatisches Organ

Trapezmuskel - Musculus trapezius

Trigeminusneuralgie - plötzliche heftige Gesichtsschmerzen, ausgelöst durch den Drillingsnerv

U

Unterkiefer - Mandibula

Unterkiefer-Zungenbein-Muskel - Musculus mylohyoideus

Unterzuckerung - Hypoglykämie

V

Vegetatives
Nervensystem

reguliert biologisch festliegende, automatisch ablaufende innerkörperliche

Vorgänge, die willentlich nicht direkt, sondern nur indirekt beeinflusst werden können (siehe auch somatisches Nervensystem)

Sympathikus - Teil des Nervensystems, für erhöhte Leistungsbereitschaft zuständig. Als Folge findet der Abbau von Energiereserven statt.

Parasympathikus - Teil des Nervensystems, für Regeneration und Aufbau von Energiereserven zuständig. Er stellt das innere Gleichgewicht des Organismus wieder her.

Ventral - bauchseits, am Bauch gelegen
Verhaltensforschung - Ethologie
Vertebrae cervicales - Halswirbelsäule
Vertebrae thoracica - Brustwirbelsäule

W
Wirbelsäulenverkrümmung - Skoliose

Y

Yin und Yang

Yin und Yang sind entgegen gesetzte Pole, aber doch aufeinander bezogen, wie „Hell" und „Dunkel", „Tag" und „Nacht" usw.

Yoga - alte, indische Philosophie um Körper, Geist und Seele in Einklang zu bringen

Z

Zähneknirschen - Bruxismus

Zapfen - Dens axis, verbindet den zweiten mit dem ersten Halswirbel

Zentrales Nervensystem - ZNS

Zirbeldrüse - Epiphyse, Glandula pinealis produziert bzw. setzt das Hormon Melatonin frei

ZNS - Zentrales Nervensystem

Zungenbein - Os hyoideum

zweibäuchiger Muskel - Musculus digastricus

zweiter Halswirbel - Axis

Zwischenwirbelloch - Foramen intervertebrale

Zwischenwirbelscheibe - Discus intervertebralis

Die beste Lehre ist die, welche dich an das erinnert, was du bereits weißt, aber wieder vergessen hast. Es geht nicht darum, das was in meinem Kopf ist, in Deinen Kopf hinein zu stopfen. Es geht darum, dich an dein eigenes Wissen zu erinnern.

Mooji

Quellen

**Fach-
informationen**

Prof. Dr. med. Frank Emmrich und
Andreas Colsman
Sehr detaillierte Informationen über das Immunsystem

BGW Mitteilungen
Berufsgenossenschaft für Gesundheitsdienst und
Wohlfahrtspflege
Ausgabe 1/12, Seiten 14 – 15

Robert Betz
23.09.1953
deutscher Seminaranbieter, Coach, Autor psychologischer
Bücher

Thomas Ambrosius Bowen
18.04.1916 - 28.10.1982
Australien

Mary Burmeister
1918 – 2008
Jin Shin Jyutsu (Schülerin von Jiro Murai)

CMD-Dachverband e.V.
Schillerstraße 26
99610 Sömmerda
www.cmd-dachverband.de

René Descartes
31.03.1596 - 11.02.1650, La Haye en Touraine
französischer Philosoph und Naturwissenschaftler

Dr. Paul Dennison
1940, Boston, USA
1969 eröffnete er sein erstes Lernzentrum, das Valley
Remedial Learning Center in San Fernando Valley in
Kalifornien, USA, www.braingym.org.uk

Entspannter Kiefer - Entspannter Körper

Engis Neander und Jens Sapiens

Sigmund Freud

1856 - 1939

Neurologe, Tiefenpsychologe

Gehirn & Geist

Heft Nr. 3/2012, S. 28 - 34

Spektrum der Wissenschaft Verlagsgesellschaft mbH

Thomas Hübl

1971

international anerkannter zeitgenössischer spiritueller Lehrer

Florian Holsboer

1945

Schweizer Chemiker und Mediziner

Jean Baptiste de Lamarck

1744 - 1829

Botaniker, Zoologe und Entwicklungsbiologe

Lippert Anatomie

Urban & Schwarzenberg

National Institute of Health

Zusammenschluss von über 150 Labore von elf

verschiedenen Instituten.

neuroscience.nih.gov

Michael Nixon-Livy

Neurostrukturelle Integrationstechnik

Australien

Professor Dr. Nossrat Peseschkian

18.06.1933 - 27.04.2010

Facharzt für Psychiatrie, Neurologie, Psychosomatik und

Psychotherapie

Begründer der positiven Psychotherapie

Entspannter Kiefer - Entspannter Körper

Engis Neander und Jens Sapiens

Er wurde 1933 im Iran geboren und lebte seit 1954 in
Deutschland. Er war Facharzt für Neurologie, Psychiatrie,
Psychotherapie und Psychotherapeutische Medizin. Die
Schule besuchte er bis zum Abitur in Teheran, Iran. Sein
Medizinstudium absolvierte er in Freiburg, Mainz und
Frankfurt am Main.
www.peseschkian-stiftung.de

Pschyrembel
Klinisches Wörterbuch
Walter de Gruyter

Dirk Revenstorf
Expertise zur Beurteilung der wissenschaftlichen Evidenz des
Psychotherapieverfahrens, Hypnotherapie, Januar 2003,
vorgelegt von Dirk Revenstorf, Universität Tübingen

Thich Nhat Hanh
11. Oktober 1926
buddhistischer Mönch, Schriftsteller und Lyriker

Plum Village
1969 gegründet von Thich Nhat Hanh
Frankreich
www.plumvillage.org/

Prof. Dr. Med. Dr. rer. Nat. M.Sc. Christian Schubert
Medizinische Universität Innsbruck
Schöpfstr. 23
A-6020 Innsbruck
Literatur: Psychoneuroimmunologie und Psychotherapie,
2011

Hans Hugo Bruno Selye
26.01.1907 - 16.10.1982
österreichisch-kanadischer Mediziner
„Vater der Stress-Forschung",
Definierte 1936 den Begriff Stress

Wikimedia Foundation Inc.

San Francisco, CA 94105

USA

de.wikipedia.org

Die Kraft der Gefühle

V.C.S. Dittmar Verlag, Edition Est

Biedersteinerstr. 4a

80802 München

Glossar

Silvia Arroyo Camejo

3.1.1986 Berlin

spanisch-deutsche Wissenschaftsautorin

Skurrile Quantenwelt, ISBN 3-540-29720-0

Springer Verlag

Deepak Chopra

22.10.1946, Neu-Delhi, Indien

Internist und Endokrinologe

Autor von Büchern über Spiritualität, alternative Medizin und

Ayurveda

Dr. Edward Bach

24.09.1886 - 27.09.1936

Engl. Arzt

Bachblüten

Samuel Hahnemann

1755 - 1843

Arzt und Chemiker

Homöopathie

Dr. George Goodheart

Chiropraktiker

Kinesiologie

Entspannter Kiefer - Entspannter Körper

Engis Neander und Jens Sapiens

Philip Rafferty
Geb. 1948
Australien

Dr. Wilhelm Heinrich Schüßler
21.08.1821 - 30.03.1898
Arzt

Studien

Fred H. Gage, Ph.D.
Professor in Laboratory of Genetics, Salk Institute, President
of the Society for Neuroscience

Dr. med. Gerd Kempermann
Geb. 1965
Professor für Genomischen Grundlagen der Regeneration
TU Dresden.

US National Library of Medicine
National Institutes of Health
National Center for Biotechnology Information
U.S. National Library of Medicine
8600 Rockville Pike, Bethesda MD, USA
www.pubmed.gov

The Harvard School of Public Health
Boston
www.hsph.harvard.edu

Henriette van Praag, Ph.D.
Niederlande, emigrierte nach Israel, dann USA
Neuroplasticity and Behavior Unit (NBU)
Laboratory of Neurosciences, National Institute on Aging,
National Institutes of Health

Zitate

Vera Felicitas Birkenbihl
26.04.1946 – 3.12.2011
deutsche Managementtrainerin und Sachbuchautorin

Ken Blanchard
6. Mai 1939
US-amerikanischer Unternehmer und Autor von
Managementbüchern

Albert Einstein
14.03.1879 - 18.04.1955
Deutscher Physiker und Nobelpreisträger

Epiktet
ca. 50 - 125
Philosoph

Mahatma Gandhi
02.10.1869 - 30.01.1948
Indischer Freiheitskämpfer

Peter Hohl
29.07.1941
deutscher Journalist und Verleger, Redakteur, Moderator und
Aphoristiker
www.wochensprueche.de

Konfuzius
etwa 551 v. Chr. bis 479 v. Chr.
chinesischer Philosoph

Dalai Lama
Titel des höchsten Trülku innerhalb der Hierarchie der Gelug-
Schule des tibetischen Buddhismus

Abraham Lincoln
12.02.1809 - 15.04.1865
US-Staatsmann und 16. Präsident der USA

Entspannter Kiefer - Entspannter Körper

Engis Neander und Jens Sapiens

Mooji
1954
Jamaika, Spiritueller Lehrer

Christian Morgenstern
06. 05.1871 – 31.03.1914
Dichter und Schriftsteller

Drukpa Rinpoche
? - 1989
buddhistischer Mönch und Gelehrter

Sogyal Rinpoche
1947
tibetischer Meditationsmeister und Lehrer der Nyingma-
Tradition des tibetischen Buddhismus

Rumi
1207 – 1273
persischer Sufi-Mystiker, Gelehrter, persischsprachiger Dichter

William Shakespeare
1564 – 1616
englischer Dramatiker, Lyriker und Schauspieler

John Steinbeck
27.02.1902 - 20.12.1968
amerikanischer Schriftsteller

Talmud
Der Talmud (Belehrung, Studium) ist nach dem Tanach, der
jüdischen Bibel, das bedeutendste Schriftwerk des
Judentums.
www.theology.de

Entspannter Kiefer - Entspannter Körper

Engis Neander und Jens Sapiens

Mark Twain
Samuel Langhorne Clemens
30.11.1835 – 21.04.1910
Mark Twain - amerikanischer Schriftsteller.

William Shakespeare
26.04.1564 - 03.05.1616
englischer Dramatiker, Lyriker und Schauspieler

Bildnachweis

Bilder aus pixabay.com, eigene Skizzen, Zeichnungen und Bilder

Kontakt zum Autor

Lutz Doblies

engis-und-jens@hp-doblies.de

www.hp-doblies.de

Was immer du tust, wie immer du dich bewegst, was du magst
und was du nicht magst gehört zu deiner Form und ist deshalb
natürlich. All das hat keinen Einfluss auf deine wahre Natur.

Mooji

Entspannter Kiefer - Entspannter Körper

Engis Neander und Jens Sapiens